一発逆転㊙裏ワザ勉強法'24年版

最新医学で成績アップ！
脳科学的勉強法のポイント

2年連続東大合格（文Ⅱ・理Ⅲ）
医　学　博　士
福　井　一　成

エール出版社

今やっている勉強法を直ちに中止せよ〈はしがきに代えて〉

この本を読めば、どんなに頭が悪くても必ず秀才になれる。ウソではない。本当だ！　とにかくキミは、今やっている勉強法を直ちに中止すべきだ。そして、今使っている参考書も全部ゴミ箱に捨ててしまえ。そんな下手クソな勉強法では、いつまでたっても成績は上がるわけがない。そのことはキミ自身が一番よく知っているはずだ。今からキミはボクの言うことを信じて、ボクのすすめる参考書を使い、ボクの言うとおりの方法で勉強したまえ。そうすれば、キミが現在の偏差値よりも20以上高い大学でも確実に合格できることを保証しよう。

「そんな都合のいい話があるはずがない」とキミたちは言うかもしれない。ボクの話がスグには信じられないのも無理はないだろう。しかし、まあそう言わずに、とにかくこの本を読んでみたまえ。4日～5日あれば読めるだろう。そしてこの本を読めば、ボクの言っていることがウソではないとわかるはずだ。キミの受験観はきっと一変し、根底からくつがえるだろう。

その証拠を示す。ボクは東大の文Ⅱに通学していたが、10月に仮退学して、受験勉強を再開。そして、12月の河合塾の東大オープン模試では、東大の理Ⅲの合格ラインを越えた。受験勉強のコツや裏ワザを知りつくしていたから、こんな短期間で偏差値が急上昇したわけだ。

では、この本が優れている理由を説明しよう。まずは、何と言っても、脳科学的な根拠のある正しい勉強法や、脳科学的に見て最も効率の良い勉強法が書いてあることだ。

たとえば、暗記科目や暗記分野は、脳の中の「海馬（かいば）」という部分で記憶する。しかし、海馬が記憶できる量には〝限度〟があるので、海馬が覚えやすい勉強法を紹介した。具体的にいうと、雪ダルマ式、全体法と部分法、理由づけ、模擬授業、黙読ではなく音読、図やイラストで覚える、精緻化（ゴロあわせ）、ジェンキンスとダレンバックの理論、再認レベル（忘れかかった頃）に復習、βエンドルフィン、脳幹網様体の刺激などだ。……といっても、何のことかわからないと思うが、心配することはない。これらの説明は、本文に詳しく書いてある。そんなことよりも、今はとにかく「この本は、すごい！」ということをわかってくれればよい。

一方、理解科目や思考力問題は、脳の一番前にある「前頭葉（ぜんとうよう）」で考える。しかし、実をいうと、前頭葉は〝単独では〟考えられない。そこで、過去の記憶を思い出して、それを利用して考える。……というより、過去の記憶がないと、前頭葉はまったく考えられない。さらに困ったことには、過去の記憶を利用していることに、前頭葉はまったく気づいていない。

「数学は考えて解く」という人がいるが、もちろん誤り。その人は、過去に解いた〝類似問題の解法〟を利用して解いたことに気づいていない。前頭葉が自力で解いたと勘違いしている。脳科学的に見て「数学は暗記科目」なのだ。この本は、そういうスタンスで書いてある。

脳科学的に効果がある参考書・問題集を5章に掲載した。これも、本書の長所の一つである。しかも、絶版になった〝良書〟のうち、インターネットで買える本に、★印をつけた。断っておくが、絶版になったのは、悪い本だからではない。★印は、予備校の元・名物講師の著書なので、とても良い本だ。しかし、講師を引退したため、絶版になっただけのこと。

「★印は古いからダメ」と言う人がいるが、その考えは間違い。古い本でも、脳科学的に効果があれば、その本は良書だし、いくら新しい本でも、脳科学的にダメなら悪本だ（＝海馬が記憶しにくく、前頭葉が理解しにくい）。極端な例を挙げると、恐竜（＝古い本）とライオン（＝新しい本）が戦った場合、どちらの戦闘力が高いか（＝偏差値がアップするか）と同じこと。

予備校では絶対に教えてくれない受験テクニック、勉強する順序を流れ図（フローチャート）で示したこと、本文中の重要部分に傍線を引いたことも、本書の特長である。

以上の点から、この本の良さをわかってくれたと思う。だから、キミがこの本にめぐり会えたことは、ひじょうにラッキーであった。もう、大船に乗った気持ちでいてくれ。

さあ、あとは実行あるのみ。ガンバって勉強してくれ。健闘を祈る！

福井一成

☆2024年版　巻頭特集

女子高生・戸田リサの　突撃インタビュー

「五感」を利用した脳科学的勉強法

【登場人物】

戸田リサ（仮名）…………私立OU高校の2年生。自分の勉強法に迷いがある。ドクター福井の教え子であるが、今回は、リポーター役として登場。

ドクター福井…………この本の著者で、東大医学部卒。脳科学的に根拠のある勉強法を、受験生に薦めている。

●イントロ

リサ：皆さん、こんにちは。戸田リサで～す。このシリーズも、5年目となりました。さて、今年のテーマは、「五感」を利用した脳科学的勉強法についてよ。

福井：リサちゃん、「五感」って、何だか知ってるかい？

リサ：もちろん。ええっと、冷感でしょ……、温感でしょ……、それから触感……、あとは……快感……、それと……性感とか？　キャハハハ！

福井：ぜんぜん違うよ。「五感」というのは、視覚（見る）・聴覚（聴く）・味覚（味わう）・嗅覚（嗅ぐ）・触覚（触る）の5つの感覚をいうんだ。

リサ：何だ、そうか……。だけど、それじゃ、五感というより五覚ね。

福井：そう言われれば、そうだね。……ま、それはともかく、嗅覚は「しゅうかく」ではなく、「きゅうかく」と読むことに注意しよう。

●「聴覚」を利用した脳科学的勉強法

リサ：いきなりだけど、「聞く」と「聴く」の違いって、何だっけ？　自然に音が耳に入ってくる場合が「聞く」で、積極的に耳を傾ける場合が「聴く」だったかしら？

福井：うん、そうだよ。英語で言うと、「hear」が聞く。「listen」が聴く。ちなみに、昔は「ヒアリングCD」といっていたけど、今は「リスニングCD」という。

リサ：ふ〜ん……。どうして、「ヒアリング」から「リスニングCD」に変わったの？

福井：「ヒアリングCD」だと、受験生がボーッと聞き流しちゃう。だから、ちゃんと聴かなきゃダメだという戒めを込めて「リスニングCD」になったらしい（笑）。

リサ：ホント？ だけど、「聴覚勉強法」って、共通テストの英語リスニング対策にしか使えないじゃない。それ以外に、何か役に立つのかしら？

福井：メッチャ役立つよ。聴覚勉強法は、すべての暗記科目に利用できるんだ。

リサ：えっ、そうなの？ 意外〜！

福井：「門前の小僧、習わぬ経を読む」って諺（ことわざ）があるよね。お寺の門の前で遊んでいた子どもは、お経を何度も聴くうちに暗記してしまったんだ

リサ：なるほど。その諺って、たぶん江戸時代からあるわね。そんなに昔から、聴覚勉強法が役立つと分かっていたのか。……で、具体的には、どうすればいいの？

福井：たとえば、日本史や世界史の教科書を音読しながら、ＩＣレコーダーに録音する。そして、すきま時間に、録音した音声を聞きながら暗記するんだ。

リサ：すきま時間って、たとえば？

福井：通学時間とか、食事の時間とか、家へ帰って少し休憩する時とか……。

リサ：つまり、両手を使っている時や、参考書を広げられない時ってわけね。すきま時間に聴覚勉強法をすれば、時間の節約になるし、1日の勉強時間も増えるわ。

福井：この聴覚勉強法は、「右脳勉強法」の一つでもあるんだ。

リサ：へ〜っ、そうなんだ。どうやって、右脳を使うのかしら？

福井：耳で聴いたことは、左脳には言語として記憶され、右脳にはサウンドとして記憶される。左脳よりも右脳の方が記憶力が良いから、もし左脳が忘れていても、右脳が覚えている。だから、右脳のサウンドがきっかけで、左脳が言語を思い出すのさ。

リサ：う〜ん……。ちょっと難しいわね。何か具体例を挙げてくれる？

福井：とえば、ICレコーダーから「中尊寺金色堂」と聴こえたとしよう。左脳は「中尊寺金色堂」という用語を暗記し、右脳は「ちゅうそんじこんじきどう」というサウンドを暗記する。しばらく経って、その用語が試験に出たとする。記憶力の悪い左脳は、すっかり忘れていたけど、記憶力の良い右脳が「ちゅうそんじこんじきどう」という音を覚えていた。それがきっかけで、左脳が「中尊寺金色堂」を思い出すんだ。

リサ：「ちゅうそんじこんじきどう」という〝お経〟を右脳で聴いていたから、左脳が「中尊寺金色堂」を思い出す。これが、「門前の小僧、習わぬ経を読む」勉強法ね。

福井：混同しやすい分野……たとえば、北山文化と東山文化とか、江戸の三大改革（享保の改革・寛政の改革・天保の改革）は、特別な勉強法が可能なんだ。

リサ：えっ？　特別な勉強法って何？

福井：教科書を音読してICレコーダーに録音する時に、北山文化は高い声で読んで、東山文化は低い声で読む。そうすると、試験の時に銀閣寺は何文化か左脳が忘れていても、右脳が覚えている。「ぎんかくじ」は低い音だったから東山文化って。

リサ：右脳は、左脳よりも記憶力が良いから、この方法が役立つわね。

福井：江戸の三大改革は、家族に協力してもらってもいい。たとえば、享保の改革はお父さんの声で、寛政の改革はお母さんの声で、天保の改革は自分の声。

リサ：なるほど……。天保の改革は、うちの弟に読ませれば、私はラクだわ。

福井：それは、ずるいよ。……ところで、阿部正弘・阿倍仲麻呂・安部公房・安倍晋三は、みんな「あべ」だから、書く時に混同しやすい。

リサ：記述式の大学は、字を間違えたら大減点よ。どうすればいいのかしら？

福井：阿は「あ」、安は「あん」、部は「ぶ」、倍は「ばい」と読んで録音すればOK。

リサ：それは名案だわ。つまり、「あべまさひろ」「あばいのなかまろ」「あんぶこうぼう」「あんばいしんぞう」ってわけね。これなら混同しないわ。

●「嗅覚」を利用した脳科学的勉強法

福井：鼻の穴の奥に、匂いをかぐ嗅神経（きゅうしんけい）がある。五感のうち、嗅神経だけが「直接に」大脳の中に入っていくんだ。

リサ：直接に大脳に入るのか。でも、参考書の匂いを嗅いでも、暗記できないわよ。

福井：ハハッ！　たしかに暗記はできないけど、匂いによって大脳の精神状態を変えることができる。これをアロマセラピー（アロマテラピー）というんだ。

リサ：あっ、それなら聞いたことあるわ。香水みたいなものでしょ。

福井：うん。アロマセラピーといっても、目的によって、いろいろな種類があるよ。

リサ：へえ〜っ、そうなの。たとえば？

福井：「眠気」を覚まして「元気」や「ヤル気」を出させるアロマオイルは、ペパーミントやローズマリーなどが代表的だね。

リサ：じゃあ、朝起きたばかりで眠い時に、ペパーミントとかを使えばいいわ。あと、勉強部屋で参考書を広げたけど、ヤル気がイマイチの時もペパーミントね。

福井：受験勉強にとって一番重要なものは、神経を刺激して「記憶力」や「集中力」を高めるアロマオイルだ。これには、ローズマリーやレモンやバジルなどがあるよ。

リサ：暗記科目の参考書を勉強する時は、記憶力を高めるローズマリーね。あと、英文読解や現代文の問題集を解く時は、集中力が必要だから、やはりローズマリー。

福井：イライラして、勉強が進まない時もあるよね。そういう場合は、神経を鎮静化して「リラックス効果」があるラベンダーやカモミールがいい。

リサ：ラベンダーって聞いたことあるわ。香水みたいに使えばいいのかな？

福井：アロマセラピーの容器は、主に3種類だ。大きなビンで、部屋に置いておくもの。小さなビンで、持ち運びできるもの。噴霧式で、シューッと出すもの。

リサ：大きなビンを部屋に置いておくと、1日中ずっと、その匂いになっちゃうわね。ということは、日曜日ずっと勉強する場合……たとえば、大学入学共通テストの過去問1年分を、1日でやる場合は、大ビンのローズマリーがいいかも。

福井：噴霧式は、わりと短時間で効果が消えてしまうんだ。使い方は、たとえば、朝まだ眠い時に、ペパーミントをシューッと噴霧しよう。あと、イライラしている時は、ラベンダーをシューッと噴霧して、気持ちを切り替えるといい。

リサ：持ち運びできる小ビンは、予備校の模試の日とか、共通テストの日に持って行こうっと。テスト中は、机の上に香水を置いてはダメだから、休み時間に、首や手首や洋服に香水をつけるといいわ。ちなみに、うちの高校は、香水は校則でNGなのよ。

●「味覚」を利用した脳科学的勉強法

リサ：まさか、参考書を味わって食べれば暗記できるなんて言わないよね？
福井：ハハハハッ……、もちろんさ。そんなこと、あるわけないじゃん。
リサ：じゃあ、味覚を使って、どのように勉強するわけ？
福井：「成功（せいこう）報酬」を利用するんだ。
リサ：えっ？「性交（せいこう）報酬」？ あたしと先生、週1回やってるわよ。
福井：こらこら、読者が誤解するから、そんなこと言っちゃダメだよ。
リサ：キャハハハ！……で、何なの？ 成功報酬って？
福井：ご褒美（ごほうび）のことさ。たとえば「今から2時間で、参考書を20ページ暗記したら、お菓子やケーキを食べる」と決めておく。もちろん、制限時間以内に参考書が終わらなかったら、お菓子もケーキも食べちゃダメ。
リサ：ああ、なるほどね。そういう「ルール」を前もって決めておけば、お菓子やケーキを食べたくて、勉強がドンドン進むわけね。
福井：お菓子やケーキをゲットしようと思って勉強を始める時は、脳の中に「ドーパミン」という「ヤル気ホルモン」が分泌されるんだ。

リサ：「味覚勉強法」をやると、たしかに勉強は進むけど、どんどん太っちゃうわ。
福井：その場合は、お菓子やケーキではなく、「自分の好きなこと」をご褒美にするといい。たとえば、マンガやテレビを10分間だけ見るとか……。

●「視覚」を利用した脳科学的勉強法

リサ：参考書を「目で見て」勉強するのは普通よ。みんな当然やってるわ。
福井：だから、みんなが知らない勉強法を紹介しよう。それが「右脳勉強法」だ。
リサ：聴覚勉強法も右脳勉強法だったわね。「門前の小僧、習わぬ経を読む」って。
福井：うん。左脳は、言語は分かるけど、図形は分からない。右脳は、図形は分かるけど、言語は分からない。そして、右脳は記憶力が良い。これを利用するんだ。
リサ：利用するって……、たとえば、どうするわけ？
福井：日本史や世界史の場合は、本文を暗記する前に、写真やイラストを暗記する。たとえば、中尊寺金色堂の「写真」を右脳で暗記し、写真の説明文の中尊寺金色堂という「用語」を左脳で暗記するんだ。そうすれば、左脳が中尊寺金色堂という「用語」を忘れてしまっても、記憶力の良い右脳が中尊寺金色堂の「写真」を覚えている。その写真がきっかけで、左脳が「中尊寺金色堂」という用語を思い出すのさ。

リサ：右脳が記憶していた写真がキッカケで、左脳が用語を思い出すのね。

福井：日本史や世界史、それから生物や化学も、「教科書」だけではなく、写真やイラストを集めた「資料集」を学校の授業で使う。だから、教科書の「写真やイラスト」と「説明文」を暗記したら、その次は、資料集の「写真やイラスト」と「説明文」を暗記すること。それらが終わってから、教科書の「本文」を暗記するんだ。

リサ：そういえば、日本史や世界史の「マンガ参考書」はどう？　効果あるの？

福井：歴史用語に関する「マンガ」が右脳に暗記され、登場人物の「会話」が言語として左脳に記憶される。だから、資料集と同じくらい効果があるよ。

リサ：左脳と右脳の両方に、見たものを暗記させるのね。聴覚勉強法の時に、左脳と右脳の両方に、聞いたことを暗記させたのと似ているわ。

福井：そうだね。聴覚勉強法の時も話したけど、北山文化と東山文化のように、混同しやすいものを視覚的に見分ける方法もあるんだ。

リサ：へ〜っ……、どうすればいいの？

福井：北山文化に関する用語は、赤色のチェックペンで塗り、東山文化に関する用語は、青色のチェックペンで塗ればいい。そうすれば、銀閣寺は何文化だったかを左脳が忘れても、銀閣寺は「青色」だったと右脳が覚えているわけだ。

●「触覚」を利用した脳科学的勉強法

リサ：触覚を利用した勉強法か……。あたし、日本史の難しい漢字は、手で書いて覚えているわ。讒謗律（ざんぼうりつ）って書けるのよ。

福井：へ～っ！　そりゃ、すごいね！

リサ：その他に、触覚を利用した勉強法って、何があるの？

福井：勉強中に気が散りやすい人は、指を使って集中力を高めよう。参考書の今読んでいる文章を、指でなぞっていくんだ。もし、他のものを見たり、他のことを考えると、そこで指が止まる。指が止まれば、「まずい！　勉強しなければ」と気づくはずだ。

リサ：それは名案ね。あたしも、やってみよう。

福井：それから、「裸足勉強法」も、足の裏の触覚を利用した勉強法だよ。

リサ：先生が受験生の時にやっていた勉強法ね。具体的に、どうするわけ？

福井：たとえば、日曜日の朝起きたら、10分くらい裸足でジョギングして目を覚ます。そして、午前中はずっと勉強。脳が疲れてきた昼頃に、また10分ほど裸足でジョギングして、脳をリフレッシュ。その後、午後もずっと勉強して、脳が疲れてきた夕方に、また10分くらい裸足でジョギングして、寝るまで勉強を続けるんだ。

リサ：裸足勉強法は、脳科学的にいうと、どういう効果があるの？

福井：足の裏が気持ちいいと感じると、脳の中に「βエンドルフィン」というホルモンが分泌される。このβエンドルフィンは、海馬の記憶力をアップするんだ。

リサ：たしか、この本の巻末の脳科学用語集に、βエンドルフィンは別名を「脳内麻薬」っていうって書いてあったわ。麻薬だから、足の裏が快感になるわけね。

福井：その他に、「A10神経」も、足の裏の気持ち良さに関係しているよ。このA10神経は、海馬の記憶力もアップさせるし、前頭葉の思考力もアップさせるんだ。

リサ：裸足で走っている時は、そのホルモンや神経によって、記憶力や思考力がアップするのは分かるわ。でも、家に帰った後は、その効果はなくなるでしょ？

福井：いや、そうじゃないんだ。実際に裸足でジョギングすると分かるけれど、近所の人たちが「ガンバレー」って応援してくれるから、精神的に快感になる。βエンドルフィンは、精神的に気持ちがいい時も分泌されるんだ。家に帰った後も、精神的な気持ち良さは続くから、βエンドルフィンは分泌し続けるわけさ。

リサ：肉体的な快感でも、精神的な快感でも、βエンドルフィンが出るのか……。

福井：うん。それに、詳しい化学反応式は省略するけど、βエンドルフィンが分泌されると、結果的に、A10神経も活性化されるんだ。

リサ：つまり、家へ帰った後も、精神的な快感が続くから、βエンドルフィンの分泌もA10神経の活性化も続くし、記憶力や思考力のアップも継続するわけね。

福井：そういうこと。それに、裸足でジョギングして家へ帰ってきた直後は、満足感や達成感がある。この満足感や達成感は、「ドーパミン」の働きなんだ。そして、このドーパミンは、「ヤル気」を出させる働きがある。ここが重要なんだよ。

リサ：あっ、わかった！　家へ帰った直後、つまり、勉強を始める直前に「ドーパミン」が分泌されるから、勉強を「ヤル気」になる……でしょ？

福井：大正解！……で、話は戻るけど、「朝」の裸足ジョギングは、わざと砂利（じゃり）の道を走ったんだ。そうすると、足の裏の「痛み」が「脳幹網様体（のうかんもうようたい）」に伝わって、眠気が覚めるのさ。あ……、脳幹網様体ってコトバは覚えなくていいよ。

リサ：すいぶん難しいコトバが出てきたけど、要するに、足の裏を強く刺激すると、目が覚めるわけね。でも、最近の道路はアスファルトだから、砂利道なんてないわよ。その代わりに、突起がたくさん出ている「足つぼマット」でもいいかしら？

福井：もちろん、OKだよ。

リサ：以上の話をまとめると、裸足でジョギングすると、βエンドルフィン・A10神経・ドーパミン・脳幹網様体の作用によって、勉強が進む。これが裸足勉強法ね！

●エンディング

福井：そろそろ、終わりにしようか。（ICレコーダーの録音スイッチを切る）
リサ：インタビュー形式だったけど、重要ポイントは脚本どおりなので助かったわ。ところで、先生は、どの勉強法が一番効果があったの？
福井：やはり、「裸足勉強法」だね。夏休みの前までは、学年で80～100番だったけど、夏休みに裸足勉強法を毎日やったら、２学期からは学年で10番台になったんだ。
リサ：あたしは裸足に自信がないから、ICレコーダーの聴覚勉強法にするわ。
福井：勉強法は、人によって向き・不向きがある。ある勉強法が、A君には向くけど、B君には向かないとか。だから、自分に合った勉強法を選ぶといい。
リサ：あっ、このページも残り少ないわよ。
福井：読者の皆さん、今年の巻頭特集は、これで終わり。26ページからは本編だよ～。

本書で使われている「造語」リスト

3の魔法・・・科学的に正しい勉強法。（例）出る順に3段階。3回忘れノートなど。
再認理論・・・完全に忘れる前＝忘れかかった頃（再認可能）に復習するのがベスト。
受験文法・・・英文法問題を解くための文法。熟語・構文・語法などの知識が必要。
理由づけ・・・英語や国語で、この選択肢が正解となる理由を、本文中から探し出す。
暗記本・・・・数学は「青チャート」などを使って、解法パターンを暗記すること。
3W1H・・・解けなかった問題は、どこで・何を・なぜ間違えたかを必ず分析する。
横割り本・・・分野を越えて共通する考え方や、1問に複数の別解が書いてある本。
濃縮読書・・・解説が詳しい参考書を使って、本文の要所要所を考えながら読む。
記号読解・・・駿台は4つの記号、代ゼミはベクトル現代文の手法で、本文を読む。
的中古文・・・古文は有名出典が出やすい。有名な参考書の現代語訳は通読しておく。
暗唱論文・・・参考書の模範文例を暗唱しておき、試験の時は、それを利用して書く。
お助け本・・・日本史・世界史の教科書の暗記を助ける本。ゴロ合わせ・サブノート。
流れ本・・・・歴史の流れ（史実の原因と、その歴史的意義）について書かれた本。

1章

受験勉強の〝盲点〟はこれだ

頭の良い悪いは受験には関係ない

◎6年間で3000時間も！

ハッキリ言おう。受験には頭の良い悪いは全く関係がないし、思考力も必要ない。受験で大切なことは、〝暗記した量〟と〝要領〟の2つである！　キミがもし成績が悪いとしても、それは頭が悪いからではない。勉強時間が他の人よりも少ないから、ものを知らないだけのことだ。

その証拠に、地歴の点数が悪いヤツは、英・数・国の点数も悪いことが多い。純粋な暗記科目である地歴の成績が悪いということは、他の人よりも〝勉強量〟が少ないことを意味する。〝勉強量〟が少なければ、英・数・国も点数が悪いのは当たり前だ。

M予備校の調査によると、三流大学しか入れなかったヤツは、一流大学合格者に比べて、勉強時間が1日平均で1時間20分も短かったというデータがある。つまり、1年間のトータルでは500時間の差だ。いや、それだけでは済まされない。英・数・国は中1からの積み重ねであるから、6年間で3000時間も〝勉強不足〟ということになる。こんなザマでは、三流大学しか入れないのは当然の結果だ。

つまり点数というのは、その人が努力した〝量〟を数字で表したものであり、決して頭の良い悪いを表しているのではない。このことをよくわかってほしい。

◎数学・物理・小論文は暗記だ！

数学・物理・小論文は、一見思考力がいるように見えるが、後で詳しく述べるように、これらの科目は〝暗記〟で解ける。また、どんなに頭の悪いアメリカ人でも、キミより英語ができる。つまり、英語も頭の良い悪いには関係がなく、勉強すればいくらでも成績は上がるということだ。国語も同じ。いくら秀才の小学6年生でも、三流大学の現代文で合格点は取れない。

暗記科目や暗記分野は、脳の中の「海馬（かいば）」という所に長期記憶される。しかし、海馬が長期記憶を保存するのは1ヶ月間だけ。1ヶ月を過ぎると、その長期記憶は「側頭葉（そくとうよう）」という所に移動して、永久に保存される。だから、入試の1ヶ月前に、今まで使った参考書を〝全部〟復習して、すべての知識を側頭葉から海馬へ持ってくること。これが重要だ。

考える科目や思考力問題は、大脳の一番前にある「前頭葉（ぜんとうよう）」を使う。だが、前頭葉は〝単独では〟思考できない。そこで、過去の知識（＝側頭葉に保存された長期記憶）を利用して思考する。……というより、長期記憶がないと、前頭葉はまったく考えられない。つまり、脳科学的には「思考力≒長期記憶」。だから、数学は暗記科目なのだ。「数学を考えて解く」という受験生もいるが、実は、本人の気づかないうちに側頭葉の長期記憶を利用している。

以上の話から、受験には頭の良い悪いは全然関係ないことがよくわかっていただけたと思う。要領よく暗記を積み重ねれば、キミも一流大学に必ず合格できるわけだ。

入試に出やすい分野と出にくい分野とで得点能力を変えろ

◎実力以上の点数を取るコツ

試験に出るところを覚える――この当然なことができていない受験生が実に多い。その証拠に、分野によって得点力に差をつける勉強法をしているヤツは誰もいない。……と言ってもピンとこないだろうから、具体的に説明しよう。

1つの科目の中でどの分野が入試に出やすいかは、大学によって異なる。だから志望校の入試にあまり出ない分野は手を抜き、出やすい分野で高得点を取れるようにしておくべきだ。そうすれば、合計点が最大値を取ることになる。

日本史を例にとると、東大では〝古代・中世〟と〝近世・近現代〟の配点は同じだが、早大では近世・近現代が75%をしめる。もし早大が第一志望なら、この分野の勉強時間を増やし、古代・中世は50点しか取れなくても、近世・近現代は70点を取れるようにしておくことだ。この場合、本当の実力は（70＋50）÷2＝60点だが、本番の点数は違う。早大入試で近世・近現代が3問、古代・中世が1問出題されると、（70×3＋50×1）÷4＝65点取れることになる。これが、実力以上に点数を取るコツだ。ところが早大志望者の中には、どの分野の得点力も60点というバカがいる。こういうヤツは本番でも60点しか取れないから、合格は絶対に無理だ。

他の科目でも要領は全く同じである。だが1つ注意しなければならないのは、科目によっては出題頻度と難易度が一致しない分野がある（つまり、出題頻度の高い分野の設問が易しく、出題頻度の低い分野の設問が難しい）ということだ。詳細は後述するが、微積と数A、現代文の評論と小説、力学と電磁気などがその例である。このような場合に、頻出分野だからといって、必要以上に勉強時間を取りすぎてはいけない。必ず分野ごとに自分の得点力を計算し、その結果に基づいて勉強時間をうまく割り当てていくことだ。そして、入試によく出る分野は高得点、あまり出ない分野はほどほどの点数、時々出る分野はその中間になっていればベストだ。

選択科目は生物、政経、文系の数学がトクだ

◎覚える量が少ない

理科と地歴・公民でどの科目を選択するかが合否の分かれ目になると言っても過言ではない。ところが多くの受験生は、このことが全然わかっていない。「ただ何となく、この科目が好きだから」という理由で選択科目を選んでしまう。しかし、こういうバカな考え方では絶対に合格できない！　選択科目というのは、「どの科目が好きか」ではなく、「どの科目を選択すれば志望校に一番合格しやすいか」を調べて決めるべきだ。

では、どの科目が一番トクであろうか？　それは、理科なら生物と地学、地歴・公民では政

経と現代社会がトクだ。その理由は、①覚えることが少なく、②問題が易しく、③頭の悪いヤツがこの科目で受けるから、である。

まず、暗記すべき量がどのくらいあるかを数字で比較してみよう。世界史を10とすると、日本史9、地理7、政経5、現代社会3、倫理3、理科は化学7、物理5、生物5、地学4の割合だ。物理の暗記量が多いのに驚くかもしれないが、物理が得意になるコツは解法パターンの〝暗記〟なので、このくらい覚えなければ合格点は取れないのだ。

選択科目によって受験生の〝質〟が違うことは盲点になっている。つまり、頭の良いヤツは物理や化学で受けるが、物理や化学を理解できない頭の悪いヤツが生物や地学を選ぶ。また、世界史や日本史のように覚えることが多い科目を選ぶのは、マジメに勉強する受験生が多いが、政経や現代社会のように教科書が薄い科目を選ぶのは、勉強が嫌いなヤツが多い。ところが大学側は、選択科目の平均点に差がつくと不公平だと考えるため、物理・化学・世界史・日本史の問題を難しくし、生物・地学・政経・現代社会を易しくして調整しようとする。それでも平均点に差がある時は、ご丁寧に点数を修正してくれる。つまり、頭のいい集団とバカな集団の平均点をわざわざ同じにしてくれるのだ。こんな都合のいい話を利用しない手はない。そういうわけで、たとえ選択科目の平均点が全科目同じだったと仮定しても、それはあくまで見かけ上の数字であり、実質的には100点満点で20点くらいの格差があると考えてよい。

今まで長所ばかり書いてきたが、短所もある。それは、これらの科目で受験できる大学が少ないということだ。特に倫理と地学はかなり制限を受けるので、併願校のことを考えると、生物や政経を選択するのがよい。

◎私大文系の数学は簡単

私大文系で地歴の代わりに数学を選択できる場合は、数学で受けた方が断然トクだ。というのは、私大文系の数学の問題は非常に簡単だからだ。ボクがこんなことを言うと、キミたちの中には「数学ができないから、地歴で受けるのだ」と反論する人もいるだろう。しかし、こういう人は数学に対する考え方が根本的に間違っている。つまり、数学が得意になるコツは解法パターンを〝暗記〟することであり、決して頭で考えて解こうとしてはいけない（詳しくはP.96～99を参照）。また、文系の数学の試験範囲は狭いので、世界史にかかる時間の半分もあれば、世界史よりも高い点数を取れるようになる。これは絶対に保証できる。

受験生の平均点が低い分野に力を入れろ

◎志望大学別模試のデータを活用

模試のデータを見ると、1つの科目の中でも分野によって受験生の平均点に差があることがわかる。これをうまく利用すれば、合格に結びつけられる。つまり、受験生の平均点が低い分野に力を入れて勉強し、キミだけその分野で高得点を取れるようにしておくと、他の受験生に差をつけることができるわけだ。

たとえば英語では、リスニング・英作文・語法・会話英語・時事英語・専門英語などの平均点が低い。なぜこれらの平均点が低いかというと、問題が難しいからではなく、受験生の勉強法が下手だからだ。合格体験記を読むと、それがよくわかる。くだらない参考書を使って、要領の悪い勉強法をしているヤツが非常に多い。それに加え、時間切れでそこまで手が回らなかった受験生もかなりいるようだ。

どの分野の平均点が低くなるかは、当然大学によって異なる。だから、その情報を集めなければいけない。それには、志望大学別模試がよい。予備校によっては、科目別の平均点はもちろんのこと、問題ごとの平均点までも出してくれる。だから、このデータを活用するわけだ。

志望大学別模試をやっていない大学を受験する人のために、平均点が低い分野についての大まかな目安を書いておく。英語は右記の通りだ。数学は数A、物理は力学が一番難しい分野である。化学は暗記分野（無機と有機）よりも理論化学が難しく、生物は暗記問題よりも実験問題の方が難しいので、平均点が低くなりやすい。国語では（古文）＜（現代文）＜（漢文）、日本史・世界史は時代別では（近世・近現代）＜（古代・中世）、部門別では（文化史）＜（政治史）の順序で平均点が低い（志望大学別模試は、P.46の一覧表を参照）。

合否のカギを握る「標準偏差」とは？

◎数学は差がつく

模試のデータを見ると、科目別に受験生全体の標準偏差（キミの偏差値ではない！）が載っている。ところが、この標準偏差とは何なのかを知らない受験生がいる。こういうヤツは、受験生としては失格だ。いいかい、標準偏差というのは、どの科目で差がつきやすいかを示す数値なのだ。だから、標準偏差の大きい科目を得意にしておくことが合格への近道となる。

では、具体例を示そう。ある大学の試験科目に、国語（100点満点）と数学（80点満点）があったとする。この場合、どちらの科目が合否のカギを握っていると思うかね？　配点の高い国語――などと答えたヤツは、受験のことをわかっていない大バカ者だ。

数学というのは、問題数が少ない上に、出題された問題がたまたま解けたか解けなかったかで勝負が決まる科目だ。だから満点を取った人もいれば、0点のヤツもいる。これに対して、記述式の国語のテストでは、答案用紙を一通りうめておけば、絶対に0点にはならない。逆に、どんなに立派な答案を書いたつもりでも、少しでも書き方が悪ければ減点されるから、満点も絶対に無理だ。そこで今、国語のトップが80点、ビリのヤツが20点とすると、たった60点しか差がついていないことになる。つまり、数学は差がつきやすく、国語は差がつかない科目なのだ。

駿台の早大実戦模試の例

科目	配点	得点	偏差値	席次	受験人員	平均点	標準偏差
英語	90	73	74.9	127	14050	38.7	13.8
国語	70	31	56.9	3073	14022	26.6	6.4
選択	70	61	72.8	70	13981	33.4	12.1
世界史	70	61	86.2	1	4377	26.6	9.5
*	*	*	*	*	*	*	*
*	*	*	*	*	*	*	*
*	*	*	*	*	*	*	*
*	*	*	*	*	*	*	*
総点	230	165	77.6	21	13954	98.8	24.0

　こういう場合に、数学が得意な受験生と国語が得意な受験生とでは、どちらが合格しやすいかを考えてみよう。数学がトップで国語がビリだったA君の総合点は、80＋20＝100点となる。ところが、国語がトップで数学がビリのB君の総合点は、80＋0＝80点にしかならない。国語よりも数学の方が配点が低いのに、数学が得意なA君の方が総合点では上だ。つまり、差がつきやすい科目を得意科目にしておくことが、合格への近道といえる。そして、この差がつきやすいかつきにくいかを客観的な数字で表したものが、標準偏差なのだ。

　標準偏差の大小に関係するのは、〝その科目の持つ性質〟と〝配点の大小〟である。前者は、差がつきやすいかつきにくいかということであり、そのことは今説明した。後者についてのわかりやすい例を挙げる。たとえば、いくら国語で差がつきにくいといっても、国語300点満点、数学100点満点だったら、国語の方が標準偏差が大きいに決まっている。その他に、問題傾向や難易度、受験生のレベルも標準偏差に少しは関係がある。そういうわけで、標準偏差の大小を調べるには、普通の全国模試ではなく、志望大学別模試のデータを用いるべきである（志望大学別模試は、P.46の一覧表を参照）。

もっとも、志望大学別模試をやっていない大学を受験する人もいるだろうから、そういう人のために、標準偏差の大まかな目安を示しておこう。標準偏差の大きい科目から順に、理科＞数学＞地歴＞英語＞国語となる。ただし、「配点が全科目とも同じ」という条件付きだ。配点が高い科目は、もう少し上位にランクされる。また、早慶や上智のように、理科と地歴の中の各科目間の平均点を調整する大学では、理科と地歴の標準偏差は実際よりも小さくなってしまう。

34ページの例では、世界史よりも選択科目（つまり地歴）の方が標準偏差は大きい。その理由は、平均点の異なる複数の科目（日本史・世界史・地理）を無理やり一つの科目（地歴）として扱うと、上位と下位の点数に開きが出るためだ。なお、標準偏差が一番大きいのは英語だが、もし地歴の配点を英語と同じ90点にすると、地歴の方が標準偏差は大きくなる（計算上は15.6）。

脳科学コラム①

●「脳科学的勉強法」と頭の良し悪し

「脳科学的」に見て〝頭が良い〟とは、脳の前方にある〝前頭葉〟が活発な人のことだ。しかし、数学の難問をスラスラ解く人は、前頭葉を使わないので、「脳科学的」には頭が良いとはいえない。これらの人は、脳の真横にある〝側頭葉〟や、その奥の〝海馬〟に記憶した解法パターンを思い出して、それを問題に当てはめて解いている。ちなみに、ボクの場合は、典型的な入試問題を3000問暗記した。入試問題の1問を解くのに、何個も解法パターンを使うから、ボクの脳には1万個の解法パターンが記憶されていたのだ。

暗記すればするほど、海馬が増えることが、MRI（脳の断面写真を撮る機械）で証明されている。つまり、数学を「暗記方式」で勉強する人は、海馬が増えていくのだ。一方、数学を「考えて」勉強する人は、海馬も前頭葉も大きくならないことが、MRIで証明されている。「考えて」いる人を機能的MRIで検査すると、脳の一番上（＝手足を動かす働き）だけが赤く写る。その理由は、考えるときは手や足を組んだりするからだ。つまり、数学を「考えて」勉強するのは、脳科学的に見てナンセンスで無意味なのだ。

2章

志望校に必ず合格するための情報収集法

出題傾向をつかんでいない勉強はムダだ

志望校の過去問は高3の1学期にやれ

◎30点しか取れなくてもOK

入試問題は、大学によって非常に個性がある。同じ科目でも受ける大学が違えば、全然別の科目だと考えた方がいいくらいだ。問題傾向・頻出分野・配点・難易度は、大学によって（いや、同じ大学でも学部によって）クセがあるから、それに合わせた勉強をしなければならい。

だから最短コースで合格するには、遅くとも高3の1学期までに、志望校の過去問に目を通しておく必要がある。この時期に自力で過去問を解いても30点くらいしか取れないだろうが、全く心配することはない。まだ受験勉強を始めていないのだから、できないのは当然である。そんなことより、なるべく早い時期に志望校の出題傾向をつかみ、志望校に合格するためには自分にはどのような力が不足しているかを分析することの方がはるかに重要なのだ。

ところが多くの受験生は、このことがわかっていない。たとえば、志望校をなかなか決めずにダラダラ勉強し、ある程度偏差値が上がった時点で、その偏差値にみあった大学を選ぶマヌケな受験生が多い。もっとひどいヤツになると、入試直前になって〝初めて〟志望校の過去問を実戦形式で解いて、力だめしをする。こういうヤツらは、絶対に合格できない。というのは、このような勉強法だと、志望校に出る分野も出ない分野も均等に勉強するハメになるので、模試ではマアマアの偏差値を取れても、本番では要領のいい受験生に負けてしまうからだ。

「志望校の入試で出そうなところに力を入れ、出ないところは手を抜け」と言うと、必ずこれに反発する受験生がいる。こういうヤツに言わせると、「もしも問題傾向が変わったら困るから、すべての分野を勉強しておく」というわけだ。しかし、この考えは間違っている。たしかに、どんな問題が出題されてもできるのが理想的だが、そうなるには最低5年かかる。受験まであと1年しか残っていないわけだから、出そうなところに重点を置いた勉強法（悪く言うとヤマを張ること）が当然必要になってくるわけだ。

過去問の出題傾向の分析方法マニュアル

志望校の問題傾向に合わせた勉強をすることは、非常に大切である。ここでは、過去問の分析方法を具体的に解説した。必ずこの通りに実行すること。

■材料集め

- 「赤本（大学入試シリーズ）」（教学社）
- 「青本（大学入試完全対策シリーズ）」（駿台文庫）
- 河合塾のＫｅｉ―Ｎｅｔの「大学別学習対策」、武田塾の「大学別対策一覧」
- 「全国大学入試問題正解」（旺文社）

・志望大学別模試のデータ集

赤本は、ほとんどの大学のものが出版されているが、青本は、一流大学のものしかない。しかし、過去問の解説や出題傾向の分析に関しては、後者がすぐれている。もし、キミの志望校のものが2冊とも出版されている場合は、必ず2冊とも買うこと。そして、〝出題傾向の分析〟という項目を熟読、いや完璧に暗記するのだ。

「全国大学入試問題正解」は、難易度と新傾向問題のチェックに使おう。書店で立ち読みするだけで十分だ。河合塾のＫｅｉ－Ｎｅｔは、大学別・科目別の問題傾向、入試予想と対策が載っている。武田塾は、大学別・科目別に、おすすめ参考書を紹介。

志望大学別模試では、科目別の標準偏差などを調べる。この模試は、年末まで施行されないので、昨年度のデータ集を手に入れておくこと。しかし、できれば高2のときに受けておくのが望ましい。自分の弱点の早期発見に役立つからだ。

■難易度

得意科目の問題が難しく、苦手科目の問題が簡単な大学ほど、キミに有利である。その理由は、問題が難しくても、その科目が得意であれば高得点を取れるので、他の受験生に差をつけることができるからだ。逆に、苦手科目の問題が易しければ、キミでもある程度の点数を取れるので、上位の人にあまり点差をつけられないですむ。

コツコツと勉強する努力型の人は、地歴の問題が難しい大学（たとえば早大）を受けると有利だ。そうすれば、イヤイヤ勉強しているヤツらに大差をつけることができる。

なお、問題自体の難易度は「標準レベル」だが、問題の数や分量が多くて制限時間が足りない場合は、実質的には「やや難レベル」と考えた方がよい。

■配点と標準偏差

得意科目の配点（いや、正確には標準偏差）が高い大学ほど、キミに有利である（P.33〜35を参照）。逆に、苦手科目は受験しなくてすむ大学を選ぶのだ。

1つの科目の中に「考える分野」と「暗記分野」が混在している場合には、その配点比率を調べておくこと。たとえば英語では「英文読解・英作文」と「英文法・条件英作文」、国語では「現代文」と「古文・漢文」、化学・生物は「実験問題・計算問題」と「穴ウメ問題・記述問題」の配点比率である（各科目とも、前者が「考える分野」で、後者が「暗記分野」にあたる）。マジメに勉強するタイプの人は、「暗記分野」の配点が高い大学を受けると有利だ。

■頻出分野

1つの科目の中には、いくつかの分野が含まれる。これらを「入試によく出る分野」「時々出る分野」「ほとんど出ない分野」に分け、勉強時間に格差をつけるのだ。「時々出る分野」の中には、来年の入試に出るかどうかヤマを張れる分野がある。つまり、3年に一度くらいの割合で出

（例）早大法学部の日本史の頻出分野

☆「一問一答日本史用語集」（山川出版社）の目次に
A―よく出る分野　B―時々出る分野　C―あまり出ない分野、を記入したもの

第１章　古代国家の起源
1　文化のはじまり…C
2　農耕社会の成立…C
3　大和政権と古墳文化…B

第２章　律令国家の形成
1　推古朝と飛鳥文化…C
2　律令国家の成立…C
3　平城京の時代…B
4　天平文化…C
5　平安初期の政治と文化…C

第３章　貴族政治と国風文化
1　摂関政治…B
2　国風文化…C
3　荘園と武士…B
4　院政と平氏の台頭…B

第４章　武家社会の形成
1　武家社会の成立…B
2　武家支配の浸透…B
3　元寇と幕府の衰退…B
4　鎌倉文化…B

第５章　武家社会の展開
1　南北朝の動乱…A
2　室町幕府の成立…A
3　幕府の衰退と庶民の台頭…A
4　戦国大名の成長…A
5　室町文化…A

第６章　封建社会の確立
1　織豊政権と桃山文化…B
2　幕藩体制の確立…A
3　江戸初期の文化…A
4　幕政の安定…A
5　元禄文化…A

第７章　封建社会の動揺
1　幕政の改革…A
2　幕政の衰退…A
3　化政文化…A
4　近代への動き…A

第８章　近代国家の成立
1　開国と幕府の滅亡…A
2　明治維新と富国強兵…A
3　立憲国家の成立…A

第９章　近代国家の発展
1　条約改正と日清・日露戦争…A
2　資本主義の発達…A
3　近代文化の発達…A

第 10 章　第一次世界大戦と日本
1　第一次世界大戦…B
2　市民文化…B

第 11 章　第二次世界大戦と日本
1　第二次世界大戦…B
2　軍部の台頭…B

第 12 章　現代世界と日本
1　占領下の改革…A
2　国際社会への復帰と経済の発展…A
3　現代の世界と日本…A

題される分野が、昨年度に出ていれば、今度の入試には多分出題されない。逆に、その分野が最近2年間出ていなければ、今度出題される確率は高い。

頻出分野を調べる時には、教科書の目次とは別の分類があることも忘れてはいけない。たとえば日本史では、時代別以外に部門別（つまり政治史・社会経済史・文化史）の頻出分野を調べておくこと。世界史では、さらに各国史が加わる。英文読解・現代文・古文は、どういうジャンル（たとえば評論・小説・随筆・和歌）から出題されているかも調べなければダメだ。

大学によっては、頻出分野がハッキリせず、いろいろな分野から毎年とっかえひっかえ出題されるため、ヤマを張れない場合がある。こういう大学は、結局すべての分野を勉強することになり、要領の良さだけでは合格できないので、受験しない方がよい。

■新傾向問題

過去問の研究だけでは、新傾向の問題に対応できない。こういう問題は、頭のいいヤツに有利である。だから新傾向問題をよく出題する大学は避けた方がよい。

■問題形式

客観式か論述式かによって、勉強法がまったく違ってくる。地歴はもちろんのこと、他の科目でも同様だ。たとえば、英語が記述式なら、減点されない和訳をする練習がいるし、英作文対策も必要だ。ところが、マークシート形式の場合は、これらの勉強は不要であり、単語のスペルも正確に覚える必要はない。マークシート式の数学では、部分点はもらえないので、計算力が特に重要だ。また、あまり有名でないヘンテコリンな公式を使って一気に解いても、減点されることはない。国語の記述問題では、自分の言葉で表現する力が要求されるが、客観問題なら、まぎらわしい選択肢にひっかからない識別力が大切だ。

■不確定要素

来年の入試ではどうなるか予想できないものがある。それは、①競争率（または合格境界線の偏差値）の変動、②試験日の移動だ。

①競争率が1年ごとに上がったり下がったりしている大学がある。去年の競争率が高いと、今年度は受験生が敬遠するので、競争率が減り、ボーダーラインも下がる。すると、それを見て、次の年は再び受験生が殺到する。この繰り返しだ。これを「隔年現象」という。

②二流大学では、一流大学と試験日が重なるかズレるかによって、ボーダーラインが変わってしまう。たとえば、A大学医学部（偏差値70）とB大学医学部（偏差値65）とは、去年は試験日がズレていたとする。この場合、A大学に入れる実力がありながら、運悪く落ちてしまったために、仕方なくB大学に入学した人もいるはずだ。ところが、今年は両大学の試験日が重なったとすると、そういう実力者がB大学を受験することはないので、今年のB大学の偏差値は62くらいまで下がってしまう。

本番の予行演習は志望大学別模試がよい

受験直前期に初めて志望校の過去問に挑戦し、本番の気分を味わう――などというやり方は最低である。それでは、本番の予行演習はどうすればいいのか？　それは志望大学別のソックリ模試を受けるとよい。

11～12月になると、河合塾・駿台・代ゼミなどの予備校で、特定の大学に的をしぼった模試を行っている。そのターゲットになっている大学は、全部で20校以上である。もちろん、キミが志望する大学の模試は、必ず〝全部〟受験すべきだ。もし2つの予備校が同じ日に同じ大学の模試を実施する場合には、両方の模試を申し込んでおくこと。そうすれば、欠席した方の模試の問題とデータも手に入る。また、いくつかの大学については、過去の大学別模試を集めた問題集も出版されているので、これも必ず買うこと。

志望大学別模試は、問題傾向・頻出分野・配点・受験生の顔ぶれが本番と全く同じなので、普通の模試よりもずっとアテになる。普通の模試の偏差値がイマイチでも、志望大学別模試では良い成績が取れなければダメだ。2つの模試の成績が乖離していれば、勉強法が正しかった証拠になる。だが、2つの模試の合格可能率が同程度なら、キミの勉強法は超マヌケだ（ちなみに、ボクの場合は、駿台全国模試で東大理Ⅲの合格可能性0％、河合塾の東大模試でB判定）。

★大学別予想模試

<table>
<tr><th></th><th>河合</th><th>駿台</th><th>代々木</th><th>その他</th></tr>
<tr><td>東大</td><td>○</td><td>○</td><td>○</td><td>東進、●Ｚ会</td></tr>
<tr><td>京大</td><td>○</td><td>○</td><td>○</td><td>東進、●Ｚ会</td></tr>
<tr><td>阪大</td><td>○</td><td>○</td><td>○</td><td>東進</td></tr>
<tr><td>一橋大</td><td>○</td><td>○</td><td>×</td><td>東進</td></tr>
<tr><td>東工大</td><td>○</td><td>○</td><td>×</td><td>東進</td></tr>
<tr><td>早稲田大</td><td rowspan="2">○</td><td>×</td><td>○</td><td>■トフルゼミ</td></tr>
<tr><td>慶應大</td><td>×</td><td>○</td><td>■トフルゼミ</td></tr>
<tr><td>上智大</td><td>×</td><td>×</td><td>×</td><td>■トフルゼミ</td></tr>
<tr><td>北大</td><td>○</td><td>○</td><td>○</td><td>東進</td></tr>
<tr><td>東北大</td><td>○</td><td>○</td><td>○</td><td>東進</td></tr>
<tr><td>名古屋大</td><td>○</td><td>○</td><td>○</td><td>東進</td></tr>
<tr><td>神戸大</td><td>○</td><td>○</td><td>×</td><td>東進</td></tr>
<tr><td>広島大</td><td>○</td><td>○</td><td>×</td><td>東進</td></tr>
<tr><td>九州大</td><td>○</td><td>○</td><td>○</td><td>東進、北九州予備校</td></tr>
<tr><td>岡山大</td><td>×</td><td>×</td><td>×</td><td>高松予備校</td></tr>
<tr><td>熊本大</td><td>×</td><td>×</td><td>×</td><td>北九州予備校</td></tr>
<tr><td>ＩＣＵ</td><td>×</td><td>×</td><td>×</td><td>■トフルゼミ</td></tr>
<tr><td>大阪市立大</td><td>×</td><td>×</td><td>×</td><td>夕陽丘、天王寺</td></tr>
<tr><td>関関同立</td><td>×</td><td>×</td><td>×</td><td>夕陽丘、エール</td></tr>
</table>

●駿台と合同　■英語模試

★大学別予想問題集

	河合	駿台	代々木	その他
東　　大	○	○	○	▲Z会
京　　大	○	○	×	▲Z会
阪　　大	×	○	×	▲Z会
一　橋　大	×	○	×	▲Z会
東　工　大	×	○	×	▲Z会
早　稲　田　大	×	×	○	▲Z会、■トフル
慶　應　大	×	×	×	▲Z会、■トフル
上　智　大	×	×	×	■トフル
北　　大	×	×	×	▲Z会
東　北　大	×	×	×	▲Z会
名　古　屋　大	○	×	×	▲Z会
神　戸　大	×	×	×	
広　島　大	○	×	×	
九　州　大	○	×	×	▲Z会
東　京　外　大	×	×	×	■トフル

▲Z会会員のみ　　■英語のみ

その他：トフルゼミ…………■青山学院大模試
東進ハイスクール…………千葉大本番レベル模試
高松予備校…………香川大模試
北九州予備校…………西南・福大プレ、鹿児島大プレ
長崎大プレ、琉球大プレ

志望大学別模試を受ける目的は、以下の3つに集約される。

①問題を解く順序と時間配分の練習

②自分の弱点を見つけるラストチャンス

③データの分析（平均点の低い分野、科目別標準偏差のチェック）

①本番は時間との戦いであるから、その練習が必要だ。原則的には、「得意分野→苦手分野」か「暗記分野→理解分野」という順序で解くのがよい。

②科目ごとのキミの偏差値を比較するのはもちろんであるが、問題ごとの受験生の平均点（または正解率）とキミの点数を比較するのも忘れないこと。そして、志望校に合格するためには、残された時間で何に重点を置いて勉強すべきかという対策を立てるわけだ。合格可能性の判定は、40％あれば十分だ。本番まであと何カ月も残っているわけだから……。

③については前述した。模試のデータというと、順位表に誰の名前が載っているかを見るのにしか使っていないヤツが多い。もっとしっかりとデータを分析すること！

もし、キミの志望校の大学別模試がない場合は、去年の過去問だけは手をつけずに残しておいた方がよい。そして、遅くとも年末になったら、時間を計って実戦形式で解いてみるのだ。これ以上時期が遅くなると、対策を立てる時間がなくなってしまう。

直前講習の大学別予想問題を利用する

大手予備校の大学別予想模試や予想問題集について、先ほど紹介した。しかし、予想問題は、これ以外にもある。たとえば、予備校の直前講習の「○○大学の英語」「××大学の数学」などの講座だ。ちなみに、〝直前講習〟の場合は〝予想問題〟が中心だが、〝冬期講習〟の「○○大学の英語」は代表的な〝過去問〟が中心という予備校が多いので注意！

有名大学の場合（たとえば「東大の英語」など）は、〝全国各地〟のいろいろな予備校で直前講習を開催している。だが、マイナーな大学（たとえば横浜市立大学）の直前講習は、河合塾や駿台の〝関東圏〟の校舎しかやっていない。もし、関西に住んでいる受験生で、どうしても横浜市立大学の医学部に合格したい人は、横浜に宿泊して、必ず受講すること（お金と時間がもったいない人は、ヤフーのオークションで直前講習のテキストを買う方法もある。しかし、マイナーな大学のテキストは、運が良くないと入手できない）。

私大の医学部の場合は、地元の医学部受験専門の予備校で、大学別の予想模試・予想問題集・直前講習があるので、必ず利用すること。たとえば、慈恵医大・順天堂大・東京医科大の場合は、ウインダム予備校・メデュカパス・ＹＭＳ予備校がある。その他に、河合塾や駿台の関東圏の校舎での直前講習や、みすず学苑の医学部過去問などだ。

脳科学コラム②

●「脳科学的勉強法」と過去問の分析

高3の1学期に志望校の過去問をやったA君は、直前期に初めて過去問をやったB君より有利になる。なぜなら、志望校に出やすい分野や出題形式が早めにわかるので、ムダな勉強をしなくてすむからだ。A君には安心感や、具体的な目標設定、B君に対する優越感が生まれる。この時、A君の脳の中では、次のような現象が起きている。

βエンドルフィン（＝プラスのホルモン）が増えて、ノルアドレナリン（＝マイナスのホルモン）が減る。その結果、海馬の記憶力がアップして、勉強がドンドン進むのだ。勉強が進んで学力がアップすれば、問題集もスラスラ解ける。すると、快感を起こすA10神経が刺激されて、達成感を起こすドーパミンが増える。その結果、もっともっと勉強が進むようになる。この現象を〝正のフィードバック〟というのだ。

一方、B君の脳の中では、A君とは逆の現象が起きてしまう。志望校の問題傾向を調べずに勉強していると、合格できるかどうか不安な気持ちで1年間を過ごす。すると、ノルアドレナリンが分泌されて、海馬の記憶力をダウンさせてしまうのだ。

3章

勝利を呼ぶ〝脳科学的〟勉強法

成績の上がる参考書・問題集の使い方はこれだ

「秘密兵器」の参考書を使え

◎ベストセラーより隠れた名著を

もしキミが参考書の正しい選び方を身につければ、他のヤツらを簡単に逆転できる。なぜなら、ほとんどの受験生は、参考書の選び方を間違っているからだ。その具体例をいくつか挙げよう。

キミが現在使っている参考書は、おそらく先輩や友達からすすめられた本にちがいない。しかし考えてもみたまえ。他のヤツらと同じ参考書で勉強していて、どうして彼らよりも良い成績を取れるというのだ？　第一みんなが使っている参考書が良い本とは限らない。ある程度は良いかもしれないが、日本一すぐれた本ではない。ベストセラーの参考書というのは、著者が有名な予備校の先生か、出版社の販売力が大きいために売れているにすぎない。そして、こういう本が合格体験記で紹介されるのでますます売れる、という悪循環が形成される。

合格体験記を見ると、東大・京大・早稲田・慶應は問題傾向が全然違うのに、これらの大学の合格者が使った参考書はほとんど同じだ。しかし、同じでいいはずがない。結局、受験生というのは、自分で判断せずに、他の人の評価につられて参考書を買っているのだ。こんなことではダメだ。

では、どんな参考書を使えばいいのか？　それは、隠れた名著で勉強することだ。書店に行くと、内容が非常にすぐれているのに、著者が有名でなかったり、出版社が小さいためにあまり売れていない本がいくつもある。これこそまさに、〝秘密兵器の参考書〟というわけだ。こういう本で勉強すれば、他の受験生に勝つことができる。

5章に、秘密兵器の参考書を列挙してある。これらの参考書を、どういう基準で選んだのかというと、ズバリ〝脳科学的な見地〟だ。①暗記科目・暗記分野は、脳の中の「海馬（かいば）」で記憶し、②考える科目・思考力問題は、脳の一番前の「前頭葉（ぜんとうよう）」で考える。だから、5章の参考書は、①海馬が記憶しやすい本と、②前頭葉が理解しやすい本を選んだ。

①は、脳内ホルモンのβエンドルフィンが出やすく、太字・まとめ部分・本文の面白さ・レイアウト・関連事項・イラスト・図表が海馬に向く。②は、脳内ホルモンのドーパミンが出やすく、解説文の詳しさ・わかりやすさ・論理的である・ヤル気が出るなどが、前頭葉に向く。

参考書の上手な使い方――「3の魔法」とは？

せっかく良い参考書を選んでも、使い方が悪いと成績は上がらない。ここでは、脳科学的な根拠のある、参考書の上手な使い方を紹介しよう。

①出題頻度順3段階時間差攻撃
②3冊を1回より、1冊を3回やれ

③3段階ステップ・フィードバック方式
④3回忘れ事項ノートを受験3日前にやれ
⑤3原色の法則の応用
⑥自力で30点がベストの本
⑦3W1H法で軌道修正
①②は全科目、③④⑤は暗記科目、⑥⑦は理解科目（英文読解・数学・物理など）に関するものである。これらを総称して「3の魔法」と呼ぶことにしよう。

■出題頻度順3段階時間差攻撃

受験生の中には、1冊の参考書を使う時に、初めから終わりまでまんべんなく勉強するヤツがいる。こういうのをバカの見本というのだ。賢い勉強法というのは、志望校の入試での出題頻度に応じて、勉強時間に格差をつけることである。つまり、1つの科目を「よく出る分野」「時々出る分野」「あまり出ない分野」と3段階にわけ、勉強時間を3：2：1という比率にするのだ。そうすれば、配点の高い分野で高得点を取れるため、全分野を均等に勉強した場合よりも、総合点がUPする計算になる。具体的にいうと、これら3分野の「1ページ当たりの勉強時間」を、15分・10分・5分にする。あるいは、「よく出る分野」は3回繰り返し、「時々出る分野」は2回勉強し、「あまり出ない分野」は1回しかやらない。

このような時間格差勉強法をするためには、受験勉強を始める日に志望校を決めておく必要がある。なぜなら、大学によって出題傾向が全然違うので、まず志望校を決めないことには、どの分野に重点を置くべきかわからないからだ。

■3冊を1回より、1冊を3回やれ

3冊の本を1回ずつしか勉強しないよりも、1冊の本を3回繰り返した方が実力がつく。たとえば、数学や物理などの理解科目は、新しい問題集を次々と解いて〝思考力〟をきたえようとしてもムダである。正しい勉強法は、1回目に解けなかった問題を二度三度と復習して、解法パターンを覚えることだ(数学や物理は、実は〝暗記科目〟だ)。

少し話は変わるが、「暗記科目の参考書をじっくりと時間をかけて1回しか勉強しない場合」と「その3倍のスピードで3回やる場合」とを比較してみよう。勉強にかかる時間は、どちらも同じだ。しかし、勉強が終了した時点で脳(海馬)に残っている知識の量は、後者の方が多い。これは、「全体法は部分法に勝る」という有名な研究結果の応用なのだ。

ただ、3回勉強するといっても、それにはコツがある。初めから一度に全部覚えてやろうとすると、必ず途中で挫折するので、こういうやり方をしてはいけない。それよりも、1回目は太字だけ覚え、2回目は本文全体をよく読み、3回目は本文の復習と同時に、図表・資料・欄外・練習問題をやるといった具合に、知識を〝雪ダルマ式〟に増やしていく方法がベストだ。

英単語や古文単語のような単調なものを暗記する時には、1回目は普通にやればいいが、2回目は必ずページの下から上へと逆の順序でやり、3回目は日本語を見て英単語を、というように順序を変えるべきである。なぜかというと、人間の脳（海馬）は無意識のうちに本に書いてある〝順序〟で覚えてしまうので、単語と意味が結びついていないことがあるからだ。

■3段階ステップ・フィードバック方式

暗記科目では、下手すると「知っていたのに思い出せなくて、試験で点数が取れなかった」ということが起こりうる。これは、知識のインプット（教科書・参考書）だけに熱中し、アウトプット（問題集）を怠った結果である。もし、以下のような3段階ステップ・フィードバック方式で勉強していれば、そんなことにはならなかったのだ。

教科書（要点）↓参考書（肉付け）↓問題集（再認から定着へ）

まず最初に、教科書でその科目の〝要点〟を覚える。次に、教科書で得た知識に〝肉付け〟するために参考書を使う。参考書は3回繰り返して、〝雪ダルマ式〟に暗記量を増やしていく。この時点では、参考書の内容をまだ完全には覚えきれていないだろうが、気にすることはない。どこかで聞いたことがあるなという程度（後述の再認レベル）で十分であるから、さっそく問題集に取りかかる。

その問題集であるが、第1問から順番にやっていてはダメだ。たとえば5問おきにやるなどして、必ず1問1問が別の分野の問題になるようにする（この場合、その問題集は全部で5回転することになる）。そして1問解くたびに必ず参考書にフィードバックして、その問題に関連のある部分を復習するのだ。こういうことを繰り返していくうちに、次第に記憶が定着し、それと同時に知識のアウトプットも容易になっていく。記憶を作る工場（＝海馬）は、間違えた部分を強く記憶する。だから、再認レベルで問題集を解いて、わざと間違えるわけだ。

時間配分としては、教科書50時間、参考書150時間、問題集100時間（つまり1：3：2の比率）が手頃だ。このように勉強すれば、参考書だけに300時間つぎこむよりも、ずっと実力がつく。

■3回忘れ事項ノートを受験3日前にやれ

3回勉強したにもかかわらず忘れてしまった事項は要注意だ。キミにとって非常に覚えにくいことなので、特別な対策を立てておかないと、受験当日にも忘れているに決まっているからだ。その対策とは、3回以上忘れた事項を1冊のノートにまとめておき、志望校の入試3日前になったら読み返すことである。これなら大丈夫だ。試験当日にさえ覚えていれば、翌日には全部忘れてしまってもかまわないから、ノートの見直しは超スピードで（たとえば1ページを1分くらいで）やるのがポイントである。最近の記憶は"海馬"にあり（＝すぐに思い出せる）、昔の記憶は"側頭葉"という倉庫にある（＝なかなか思い出せない）。3回以上忘れた事項を受験3日前にやると、側頭葉の記憶が海馬に移動するから、すぐに思い出せる。

■3原色の法則の応用

この法則によると、赤＋緑＝赤＋（黄＋青）＝黒となる。これが受験勉強と何の関係があるかって？　それはつまり、参考書の重要語句を赤色のチェックペンで塗り、その上から緑色のシートを重ねると、赤＋緑＝黒となるため、重要語句が消えるということだ。市販の商品としては、ゼブラ社の「チェックセット」がある。チェックペンとシートの他に、不要になった赤色のチェックを無色に変える〝消しペン〟もついており、非常に便利だ。

チェックペンで塗るのは、参考書を2回目に読んだ時にすべきである。1回目の時に塗ってはいけない。なぜかというと、1回目の時は知らないことばかりなので、下手すると全部引くハメになってしまう。

■自力で30点がベストの本

理解科目の〝入試レベル〟問題集は、自力で60～70点取れる本をやっても意味がない。というのは、入試のボーダーラインは60～70点くらいの大学が多いので、自力でこのくらいの点数が取れる問題集のレベルは、すでに卒業しているからだ。それよりも、もう少し難しい問題集にチャレンジすべきである。

問題集をやる目的は、解けなかった問題を解けるようにすることだから、キミにとって多少難しい問題集の方がよい。具体的な数字でいうと、自力で解いて30点くらい（せいぜい50点）の問題集がベストだ。

人間の脳（海馬）は、「間違えた部分」を強く記憶する。だから、60～70点ほど取れる問題集よりも、30～50点しか取れない問題集の方が〝記憶量が増える〟わけだ。

■３Ｗ１Ｈ法で軌道修正

英文読解や数学の問題がわからなかった場合は、３Ｗ１Ｈ法を使って学力をＵＰしよう。つまり、どこで（Where）、何を（What）、なぜ（Why）間違えたのか、その対策として、今後はどのように（How）勉強すべきかを検討するわけだ。そうすれば、思考経路が次第に軌道修正されていく。具体的なことは、４章で述べよう（P.79～80とP.100～102を参照）。

記憶力を強化する脳科学的方法――これが「再認」だ

■再認理論

覚えたことを復習する場合、その時期が非常に大切となる。復習する時期が、早すぎても遅すぎてもダメだ。つまり、完全に忘れてから復習すると、もう一度覚え直すのに、最初と同じくらい時間がかかってしまうし、逆にほとんど覚えている時期に復習しても、まったく意味がない。復習するのに一番いい時期は、忘れかかった頃（脳科学的に言えば〝再認可能〟から〝完全忘却〟に移行する寸前）なのである。

この〝再認〟という概念は、受験戦略上とても重要である。たとえば、以前に覚えた歴史用語を忘れてしまったとする。この時に、答えを聞いて「そうそう、それそれ！　聞いたことはあるのに、どうしても思い出せなかった」というのを再認可能という。一方、答えを聞いても「そうだったかなあ？　あまり覚えていないなあ」というのを完全忘却という。そして、再認可能から完全忘却に変わる寸前に復習すれば、復習に必要な〝時間〟と〝回数〟を最小限におさえることができるので、非常に能率的だ。

暗記した事項が再認可能から完全忘却に変わるのは、約1週間後なので、この時に1回目の復習をすればよい。1回復習した事項も、1カ月経つと再認可能から完全忘却に変わるので、この時に2回目の復習をする。同様にして、3回目の復習は約3カ月後に行う。再認可能が完全忘却に変わる時期には個人差があるので、前記の数字はあくまで1つの目安である。なお、勉強した日付を参考書に記入しておくことを忘れないように。

さらに、次に述べる〝ジェンキンスとダレンバックの理論〟を利用して、暗記した事項を翌日の寝る前に簡単に復習しておくと、1回目の復習時期が2週間後、2回目は1〜2カ月後というように、記憶を維持できる時間が延長する。

ところで、キミたちは〝エビングハウスの忘却曲線〟を知っているか？　これは、人間の維持できる記憶量と時間の関係をグラフにしたものであり、受験技術書に必ず引用されている。この曲線によると、人間は覚えたことを24時間後に70%、1週間後に75%、1カ月後に80%忘れるとしている。

しかし、ボクの考えによれば、エビングハウスの忘却曲線は間違っており、受験勉強には全く役に立たない。エビングハウスは再認可能と完全忘却をひとまとめに"忘却"として扱っているが、ここに大きな欠点があるのだ。24時間後も1週間後も数字上はあまり差がないが、その中身がまったく違う。24時間後の忘却は大部分が再認可能であるが、1カ月後の忘却のほとんどは完全忘却なのである。

■ジェンキンスとダレンバックの理論

1日のうち何時頃に覚えたことが、一番忘れにくいだろうか? ジェンキンスとダレンバックの研究によると、暗記した後、スグに寝てしまう方が、起きているよりも記憶が長く維持されることが知られている。

では、これを受験勉強に利用してしまおう。とはいうものの、寝る直前に新しいことを覚えようとしても、短時間では大した量は覚えられない。それよりも、1日の総復習を寝る30分前にやれば、短時間で多くのことを頭に入れることができる。

ここで1つのポイントは、その日の復習ではなく、前日の復習をすることである。つまり、今日勉強したばかりのことは、ほとんど覚えているに決まっているから、今日の復習をしても意味はない。それよりも、暗記してから24時間以上経っているところは、かなりの部分が再認レベルになっているので、これらを復習すべきだ（前日どこを勉強したかは、参考書に書いてある日付を見ればすぐわかる）。復習する時は、30分音読してICレコーダーに吹き込み、今日の日付をつけておく。ふとんに入ってから、このICレコーダーをもう一度聞こう。

■右脳記憶法

受験勉強をする時には、キミたちの頭は優位半球（つまり左の大脳）は働いているが、右脳はまったく働いていない。これは非常にもったいないことだ。右脳も受験勉強に参加してもらおう。といっても、右脳は図形や色を認識する働きはあるが、ものを考えることはできない。そこで、暗記すべき事項に、図形や色をくっつけておくのだ。そうすると、図形や色が右脳に無意識のうちにすりこまれる。もし左脳が忘れても、右脳が覚えていてくれるというわけだ。

右脳記憶法の具体例をいろいろ挙げてみよう。ある英単語のアクセントを忘れそうだったら、アクセントのある母音をチェックペンで赤く塗っておく。江戸の三大改革の内容を混同しそうだったら、それぞれの用語を赤・黄・青に塗り分けるとか、○・△・×印をつけておくのだ。英単語や歴史の年号は、言葉によるゴロ合わせだけで覚えるよりも、そのゴロ合わせを自分で絵に描いておく。

このようにしておくと、たとえ左脳がアクセントの位置を忘れても、右脳が「この単語は、ここが赤かった」という具合に覚えていてくれる。右脳の記憶容量は、左脳の10倍以上もあるので、右脳をフルに働かせれば、暗記できる量も増えるわけだ。

■聴覚記憶法

暗記する時に、音読したり、手で書いたりするよりも、聴覚を利用する方がずっと効果的だ。人間は幼児の時には、耳で聞いて記憶する回路（聴覚―大脳経路）が発達しているが、成長すると目で見て記憶する（視覚―大脳経路）ようになる。しかし聴覚―大脳経路は消滅してしまったのではなく、ただ眠っているだけだ。では、これも受験勉強に応用してしまおう。やり方としては、暗記すべき事項をまず黙読し、次に音読しながらICレコーダーに吹き込み、今度は目を閉じながらICレコーダーを聞くという方法がよい。覚えられるまで、何回もこのサイクル（黙読→音読→聴覚）を繰り返そう。

この聴覚勉強法は、スランプの時にも使える。つまり、以前に録音したICレコーダーを聞いて復習をするのだ。勉強のヤル気が出ないスランプの時には、視覚―大脳経路はほとんど作動しない。しかし、鼓膜はキミの意志に関係なく振動するので、イヤでも自然に勉強するハメになる。その上、前に一度勉強した内容なので、頭に入りやすい。

このように、聴覚が大脳に与える影響は非常に大きい。だから、ラジオや音楽を聞きながらする〝ながら勉強〟は絶対にダメだ。勉強の能率が非常に落ちてしまう。

長期の勉強計画の立て方㊙ポイント

◎1学期の模試の理科・地歴は0点を取れ

受験までの1年間に勉強できる時間は限られている。この限られた時間を、どの時期にどの科目のどの分野に何時間割り当てれば、受験当日の総合点が最大値をとるか（＝海馬・側頭葉・前頭葉の働きが最大になるか）という見地から、長期的な勉強計画を立てるのだ。

受験勉強の大原則は、「理解科目→暗記科目」という順序で勉強することである。つまり高3の1学期は、英・数・国だけを勉強し、理科・地歴は絶対にやってはいけない。その理由は、次のとおりだ。英・数・国は最終的には暗記であるが、その前提として〝理解〟することが必要である（＝前頭葉の働き）。だから成績を上げるのに時間はかかるが、ある程度のレベルに一度達してしまうと、勉強時間を多少減らしても実力は落ちない（側頭葉の働き）。

それに対して理科・地歴は、単純な〝暗記科目〟で試験範囲も少ないので、短期完成が可能であるが、復習しないとスグ忘れてしまう。もしも1学期に理科・地歴を始めると、〝海馬〟が忘れないようにするために何回も何回も復習するハメになるので、非常に時間のムダだ。それよりも、入試当日ギリギリでまにあう時期（つまり夏休み以降）に始める方がいいに決まっている。

1学期の模試の理科・地歴で0点を取ることが、実は合格への近道なのだ。

1つの科目の中に理解分野と暗記分野がある場合も、右記の大原則が当てはまる。たとえば国語は、1学期に現代文をやり、古文・漢文は夏休み以降でよい。化学の場合は、理論化学を仕上げてから、有機・無機化学に取りかかるのだ。

ここで、勉強にかける時間配分の目安を示しておこう。私大文系の場合、英：国：地歴の勉強時間の比率は、1学期8：2：0、夏休み4：2：4、2学期以降3：1：6が標準的である。私大理系の英：数：理は1学期5：5：0、夏休み3：4：3、2学期以降2：3：5という比率がよい。これが〝脳科学的に正しい〟勉強順序だ。

それぞれの科目をどういう手順で勉強すべきかについては、4章のフローチャートを参照してほしい（P.70、P.93、P.109〜110、P.127、P.134、P.141）。これらのフローチャートに対応する参考書を5章に列挙したので、どの参考書を何月頃に使うかを、今スグに決めること！ なお、理科・地歴は積み重ねの不要な科目なので、志望校に出やすい分野から始めるとよい。というのは、初めに勉強した分野ほど何回も復習することになるので、〝海馬〟の記憶に残りやすいからだ。たとえば世界史は、近現代→中世→古代という逆の順序でやるのがベスト。

短期の勉強計画「ローテーション方式」とは？

次は、毎日の勉強計画について述べよう。ボクが受験生の時には、〝ローテーション方式〟の計画を立てていた。一見何の変哲もないように見えるが、重要なポイントが多く含まれているので、ここで紹介しておく。一例として、国立大文系用の計画を示す。

①英文法・英作文1.0時間→②国語1.0時間→③日本史1.5時間→＊

＊→④英文読解1.5時間→⑤地理1.0時間→⑥数学1.5時間→①に戻る

今日①→②→③→④と勉強したならば、明日は⑤からスタートし、⑥の後は再び①に戻るといった具合に、必ずこの順序で勉強していくのだ。決してこの順序を変えてはいけない。この順序をよく見ると、暗記科目と理解科目が交互に並んでいることがわかるであろう。暗記科目がいくつも続くと、次第に〝海馬〟の暗記効率が落ちてくるためである。

1つの科目を1.0～1.5時間に区切ってあるのも、重要なポイントだ。人間が1つのことに集中できる時間は2時間が限界なので、1科目の勉強時間は限界に達する前に設定しておく。そして、「今から1.5時間で何ページまで覚えよう」という具合に、あらかじめ〝目標〟を立ててから勉強に取りかかることも大切である（＝ヤル気ホルモン〝ドーパミン〟が分泌する）。

どの科目に何時間ずつ割り当てるかは、慎重にやること。もし時間配分を間違えると、科目によって成績の上がり方がアンバランスになってしまう。長期的な展望から見た時間配分については前述したが、短期計画については、以下の①②③を考慮して勉強時間の〝微調整〟を行う。

① 苦手科目の勉強時間を多くし、得意科目の勉強時間を減らす。たとえば、40点しか取れな

い科目は、少し勉強すればスグ50点になるが、90点取れる科目を必ず100点取れるようにしようと思ったら、いくら時間があっても足りない。

②　科目自体が持つ性質上、成績が上がりやすい科目と上がりにくい科目があることも注意しなければならない。たとえば国語（特に現代文）は、勉強時間の割に点数が伸びないので、勉強時間は少なめにする。逆に暗記科目の理科・地歴は、勉強時間に比例して点数がどんどん上がるので、勉強時間を多めにするのがよい。

③　志望校の配点、いや正確には標準偏差が大きい科目には勉強時間を多く取り、得意科目にしておくと有利になることは、前に述べたとおりだ（P.33～35を参照）。

前記の予定表で勉強したら、この1週間でローテーションが何サイクル回り、どの科目を何ページ（または何問）やったかを必ず記録しておくこと。そうすれば、この記録と同じペースで今後の勉強を進めていくと、今使っている参考書が何月頃に終わるか見当がつくし、受験までにあと何ページ（または何問）勉強できるかも計算できる（夏休みと冬休みの1週間は、2週間として計算すればよい）。それを見て、志望校に合格するのに十分な勉強量かどうかを検討するのだ（おそらく大部分の人は不十分なハズだ）。もし十分でなければ、1日の勉強時間を増やすとか、科目間の勉強時間の比率を変える（たとえば国語を減らして地歴を増やす）などの措置が必要となるわけだ。

脳科学コラム③

●「脳科学的勉強法」と勉強法スケジュール

勉強計画については64～67ページに書いたが、ボクは受験生の時に、勉強の合間に裸足でジョギングしていた。裸足で走ると脳が活発に働く理由は、以下のとおり。道路の凹凸の刺激が脳幹網様体に伝わると、脳が目覚める。足の裏が気持ちいいので、βエンドルフィンが分泌して、海馬の記憶力がアップする。快感を起こすA10神経も刺激されるので、ドーパミンが増えて達成感を起こす。足は「第二の心臓」という別名があり、裸足で走ると脳の血流量が増えるし、有酸素運動によって、海馬の記憶細胞が増える。

受験生時代のボクは脳科学的知識はなかったが、裸足になると脳が働くことは経験的に知っていた。そこで、高2の夏休みから裸足勉強法を始めた。朝起きたら、裸足でジョギングして目を覚ます。午前中ずっと勉強して脳が疲れたら、昼にも裸足で走って脳を刺激する。そして、午後ずっと勉強して頭が疲れたら、夕方にも裸足で走る。このように毎日3回、裸足でジョギングをした。裸足で走ると脳が目覚めるし、気合いが入ってヤル気も出る。ボクの裸足勉強法はみんなから注目され、町内でも有名になった。

4章

5教科実力アップ ㊙勉強法

英語

勉強嫌い、チンプンカンプン、有名な参考書ばかり使って成績が伸びない、そういうキミへの勉強法指南

勉強の進め方のフローチャート

英文読解・英文法・英作文・英単語・英熟語を、全部並行している受験生が多い。しかし、そんなことでは実力が思うように上がらない。〝脳科学的な見地〟からいうと、英語の勉強は、次のような順序でやった方が効果的だ（参考書はP.148～164）。

基礎文法→構文→赤本→**(1)英文読解**→リスニング→英単語→総復習

赤本→英熟語→**(2)受験文法**→**(3)英作文**→総復習

(1)**英文読解**（精読→テクニック本→長文速読→会話英語）

(2)**受験文法**（理解本→暗記本→ダメ押し本）

(3)**英作文**（構文→慣用表現→話題別頻出語句→実戦演習）

英語が苦手な人は、まず基礎的な文法書を勉強すべきである。英語のルールを知らないことに

英語

は、話にならない。一方、英語の基礎ができている人は、構文集から始めるとよい。最終的には、構文集の日本文を見て英文をスラスラ言えるようになってほしいが、受験勉強の初期の段階では、構文集の英文を見て和訳できれば十分である。構文集をマスターすれば、英文読解・英文法・英作文のすべての基礎はできあがりだ。（参考書はP.149～151）

この時点で志望校の赤本をやり、問題傾向をしっかりと把握しておく。これ以後の勉強は、〝考える英語コース〟（フローチャートの右の流れ）と〝暗記英語コース〟（左の流れ）の2本立てで進める。この両者にかける勉強時間の比率は、志望校の出題傾向によって異なることは言うまでもない（一応の目安は、2：1だ）。脳科学的にいうと、考える英語コースは「前頭葉」と「言語野」を使い、暗記英語コースは「海馬」と「側頭葉」を使う。

〝考える英語コース〟では、まず中くらいの長さの英文の精読から始める。この段階では、一文一文を文法的・構文的に完全に分析しながら読んでいくのだ。（参考書はP.152～153）

やがて壁にぶち当たって成績が伸び悩む時期がくると思うが、これを突破するのにテクニック本を使う。つまり、英語の語順で読み下す訓練を行い、短文とは違った長文特有の読み方（パラグラフ・リーディング）、設問解法のコツを身につける。（参考書はP.153～154）

次に、これらのテクニックを使って、長文読解問題を速攻で解く練習をしていく。さらに大学によっては、会話英語・時事英語・医学英語などの対策も必要だ。

リスニングは、英文読解力がかなりのレベルに達してから挑戦すべきだ。なぜかというと、リスニングでは「トンボ返り和訳」ができないし、意味のわからないところがあっても、CDの音声は待っていてくれないからである。（詳細はP.81〜82）

英単語は英文読解と深い関係があるので、〝考える英語コース〟に入れた。英単語集は受験勉強の最後にやるべきであるが、その理由は後述する。（参考書はP.158〜159）次に、

〝暗記英語コース〟

〝暗記英語コース〟について述べる。英単語と違って、英熟語は早めに勉強すべきだ。というのは、英熟語は受験文法や英文読解の基礎になるからである。それに、今勉強したばかりの構文集と重複する部分も多いので、あまり時間はかからないはずだ。「この熟語の意味を書け」などという問題が出るわけはないので、熟語の意味だけを棒暗記するのはナンセンスだ。熟語集の例文を和訳できるようになることに重点を置くこと。（参考書はP.159）

英熟語の暗記が再認可能レベルまで行ったら、受験文法へ進もう。受験文法といっても大半は熟語の穴ウメなので、問題形式で熟語をチェックしていくうちに、再認レベルの知識が次第に定着していく。文法がイマイチ不安な人は、「英文法講義の実況中継」（語学春秋社）などの〝理解本〟を最初に使うとよい。普通の受験生は、「Next Stage 英文法・語法」（桐原書店）などの〝暗記本〟からスタートしよう。英文法の配点が高い大学を受ける人は、暗記本に加えて、受験生の盲点を集めた〝ダメ押し本〟もやっておくこと。（参考書はP.159〜161）

英作文は、文法・構文・単語・熟語の4つの力を必要とする分野なので、最後に勉強すべきである。英作文のフローチャートについては、後で詳しく述べる。（P.90〜92を参照）

受験直前期には、新しいことはやらずに総復習に徹するべきである。しかし、英文読解は例外であり、3日に1題（できれば1日1題）は新しい英文を読まないとカンが鈍ってしまう。

入試本番で問題を解く順序とその時間配分を、必ず決めておくこと。原則としては、まず〝暗記分野〟を短時間で解き、その後に〝考える分野〟を時間をかけて解くのがよい。つまり、英文法→英作文→英文読解（短→長文）という順序がベストだ。その理由は、以下のとおり。英文法は知識の有無を見るものであり、問題も易しいので、最初に片づけて波に乗る。もし、わからないところがあっても、そこに時間をかけてはいけない。配点が少ないし、知らないものはいくら考えてもムダだ。その次は、英作文をやる。他の問題と違い、英作文は問題文が日本語なので、これを英文読解の前にやっておくと、頭の気分転換になるのだ。英文読解は本文が短めの問題からサッサと片づけ、最後に長文読解にじっくり取り組むのがよい。

英語の苦手克服法はこの3パターン

一口に英語が苦手といっても、この中には3つのタイプがある。そのタイプによって、勉強法も当然違ってくる。まず、キミがどのタイプに属するかを見きわめよう。

第1のタイプは、〝知識欠如型〟だ（＝原因は〝海馬〟にある）。このタイプの人間は、もし本気で勉強すれば相当できるのだが、勉強嫌いで、今まであまり勉強しなかったため、受験生として当然身についているはずの知識が不足している。こういう人は、体系的に書かれた総合英語の本を使うとよい。「ブレイクスルー総合英語」（美誠社）がオススメだ。ただ問題なのは、いかにしてヤル気を出させるかである（参考書はP.148）。

第2のタイプは、〝チンプンカンプン型〟だ（＝原因は、側頭葉の言語野〝ウェルニッケ中枢〟にある）。一生懸命に勉強しているのだが、わからないところが多く、頭も混乱しているために、成績が上がらないタイプである。この場合は、体系的な本を使ってもあまり効果がない。わからない人にわからせるような書き方をした本でなければダメだ。「大岩のいちばんはじめの英文法」（ナガセ）がよいだろう（参考書はP.148〜149）。

第3のタイプは、〝背伸び型〟である。基礎的な知識がないくせに、有名な受験参考書ばかり使っているタイプだ。土台なしで高層ビルを建てるようなものだから、いくら勉強しても成績は上がらない。このタイプの人も、第1のタイプで紹介した参考書がよい。ところが困ったことに、第3のタイプの人間は、基礎知識がないことを自覚していないか、あるいは妙なプライドがあるため、基礎的な本を使おうとしない人が多い。だから、基礎知識の有無を自己判定する必要がある。その判定方法とは、「ブレイクスルー総合英語」（美誠社）の例文が何割くらい訳せるかを試してみることだ。もしも3割以上わからなければ、キミは基礎ができていない。なぜなら、たとえ三流大学しか合格できなかったヤツでさえも、この本の例文くらいは〝全部〟訳せるに決まっているからだ（参考書はP.148）。

便宜上、もう1つのタイプをここで紹介しておく。それは〝伸び悩み型〟である。文法や構文は一通りマスターしており、50くらいの偏差値なら取れるが、壁にぶち当たって、それ以上は成績が上がらないタイプだ。もっとも、偏差値50を取れるのだから、厳密な意味では苦手の部類には入らない。このタイプの人には、点数を取るコツが書かれたテクニック本がよい。具体的な書名は、5章に列挙した。（P.153を参照）最後に、苦手克服のための

〝消極的な方法〟を3つ挙げておこう。❶英語の問題が易しい大学を受けること。問題が簡単なら、英語が苦手な人でもマアマアの点数を取れるはずだ（個別試験に英語がなく、英語は大学入学共通テストだけの大学も、①に含める。東京医科歯科大・東工大・阪大の後期など）。❷英語の配点が少ない大学を受けること。中には、慶應大の総合政策学部や環境情報学部のように、英語の試験を受けなくてもすむ大学もある。❸英文読解・英作文と比較して、英文法・条件英作文の配点が高めの大学を受けること。というのは、これらの分野は暗記的要素が強いので、覚えれば誰でも良い点が取れるからだ。たとえば早大では、法学部・人間科学部・理工学部。慶應大では、商学部・理工学部がこれらの分野の配点が高めである。

英単語の覚え方に関する常識のウソ

英和辞典は不要だ！

こんなものは、すぐにゴミ箱に捨ててしまえ。辞書には、1つの英単語に対して何十個もの訳語が載っているので、今キミが読んでいる英文にピッタリ合う訳語が必ず見つかる。だが、そんなものを探しあてたところで、英文が読めるようにはならない。第一、試験場に辞書の持ち込みは禁止されている。受験本番でキミの頭の中（＝海馬と側頭葉）にあるのは、1単語あたり2～3個の意味だけだ。これを使って、文脈に合うような訳を考えるのが試験なのである。そのためには、普段から辞書を使わずに、単語集の訳語だけを見て、文脈に合う訳を考え出す訓練をしておくことだ（参考書はP.158～159）。

もし、どうしても辞書を使いたければ、「ジュニア・アンカー中学英和辞典」（学研プラス）や「初級クラウン英和辞典」（三省堂）などの中学生用のものがよい。単語（12000語）はちょうど大学入試と同じレベルで、訳語も重要なものに限られており、例文も豊富である。

受験勉強の〝初期〟に英単語をセッセと暗記するヤツがいるが、これも全然ダメだ。機械的に棒暗記しても、すぐに忘れてしまうからである。それよりも、英文中に知らない単語が出てきたら、その都度単語集で調べて、その訳語を覚えた方が頭に入りやすい（＝間違えた時に、〝海馬〟の記憶が強化する）。だが、英文中に出てきた単語であっても、単語集に載っていないものは、あまり重要ではないので、いちいち覚える必要はない。そして受験勉強の〝一番最後〟に、覚え残した単語がないかを確認するために、単語集を通読するのだ。品詞別に見ると、英熟語のポイントは前置詞にあるのに対し、英単語では名詞と動詞が重要である。

入試で差がつくのは、難単語ではなく、むしろ基本的な多義語である（英語のできないヤツは、これがわかっていない）。基本的な多義語だけは、受験勉強の〝初期〟にマスターしておいた方が、その後の勉強がスムーズに進む。多義語の勉強には、「システム英単語」（駿台文庫）を使うとよい。しかし、単語の意味を棒暗記するのはナンセンスである。「この英単語の意味を5つ書け」などという問題が出るわけがないからだ。前記の本の例文を全部訳せるようになることに重点を置くのが、上手な勉強法である。（参考書はP.158）

ゴロ合わせ単語集を使うのは、なかなか覚えられない単語に限るべきである。というのは、余計な言葉を間違って覚えてしまう危険があるからだ。例えば、companyを「カンパに仲間を訪れる」と覚えたとすると、companyの意味を〝訪れる〟と間違う可能性がある。また、言葉によるゴロ合わせ本よりも、絵が載っているゴロ合わせ本の方がよい。絵は右脳にインプットされるので、左脳が単語の意味を忘れても、右脳が覚えていてくれるからである（右脳の記憶容量は、左脳の10倍以上あるので、これを利用する。P.62〜63を参照）。

英単語集の発音記号をいちいち全部覚えているヤツがいるが、これもバカがやることだ。発音問題に出される単語は、英文読解に出てくる単語とは顔ぶれが違う。ところが英単語集というのは、英文読解に頻出する単語を集めたものだから、こんな本を発音問題対策に使うのはナンセンスである。英単語の発音を覚えるのは、発音問題専用の参考書に載っているものだけに限定すること！　逆に、発音問題の参考書に載っている単語で意味のわからないものがあったとしても、決して辞書で意味を調べてはいけない。発音だけ知っていれば十分だ。（参考書はP.159）

英文解釈の正しい勉強法

英文を〝精読〟する時には、フィーリングで読んではダメだ。一文一文を文法的・構文的に徹底的に分析しながら読んでいく必要がある。もし、よくわからない箇所があったら、以前に使った基礎文法書や構文集で確認すること。それでも理解できない時には、必ず文法辞典や構文辞典で調べて、完全に理解するようにしなければならない。あやふやにしておくと、いずれ必ず破綻する時がくる。文法辞典としては「英文法解説」（金子書房）や「ロイヤル英文法」（旺文社）がよい（前者よりも後者の方がややレベルが高い）。一方、構文辞典は「総合英文読解ゼミ」（語学春秋社）がオススメだ。

英語を日本語にすることを、大学入試では、〝翻訳〟と言わずに〝解釈〟と言っている。つまり、受験では意訳をしてはダメだということだ。意訳をすると、「この受験生は英文の構造がつかめていないので、単語の意味だけをうまくつなげてゴマカシた」と採点者にみなされ、減点されてしまう。正しい英文解釈とは、「文法的に忠実で、英語の構文が反映された和訳」なのである。そして、このような和訳だと極端に不自然な日本語になってしまう場合に、初めてこなれた訳が許されると思えばよい。（参考書はP.152〜153）

マヌケな受験生の中には、全文和訳をノートに書き、間違ったところを赤ペンで修正しているヤツがいる。一見マジメに見えるが、こんなやり方では全然ダメだ。第一、時間のムダである。訳を書くのは、よくわからない部分だけでよい。そして誤訳したら、ただ修正するだけではなく、3W1H法で誤訳の原因を分析することが大切である。つまり、なぜ（Why）わからなかったのか、どこで（Where）、何を（What）間違えたのか、どのように（How）考えれば間違えなかったのか、同じようなミスをしないためには、今後どのように（How）勉強すべきかを検討するのだ。これをやるかやらないかで、その後の学力の伸びが違ってくる。

以下に、**3W1H法**の具体例を挙げておこう。

●Where—5行目のカンマとカンマの間（赤線を引いておく）。

●What——並列かと思ったら挿入であった。

●Why——構文集で挿入の勉強はしていた。しかし、英文の内容が抽象的で難しかったので間違えた。

●How——英文の内容を理解しながら訳すこと。何を言っているかわからないが、とにかく日本語にしたなどという勉強態度ではダメだ。現代文の読解力もつける。

この3W1H法で勉強していくうちに、自分がどういうパターンの誤訳をしやすいかが、次第に明らかになってくる。そして、もし今度意味のわからない英文に出会ったら、自分の誤訳のパターンを思い出すことによって、必ず解決の糸口を見つけることができるのだ。

誤訳をした英文には必ず赤線を引いておき、1～2カ月後に復習する時は、赤線のところだけをもう一度訳してみること。そして、文法と構文が身についているかを再確認するわけだ。もちろん、赤線以外の英文は復習する必要はない。時間のムダだ。さて、

英文解釈の勉強も〝長文読解レベル〟まで進んでくると、今までとは勉強のやり方が違ってくる。つまり、一文一文ていねいに精読していてはダメだ。入試本番を想定して、英文の語順のまま速読で読み下し、後述のパラグラフ・リーディングの手法（P.82～88）を使って、短時間で長文の大意をつかむ訓練が必要となってくるのである。（参考書はP.154）

口語英語・時事英語・専門英語を出題する大学があるが、これらの分野は平均点が低いので、ここを勉強しておけば他のヤツらに差をつけることができる。口語英語は簡単な単語ばかり並んでいるからといって、決してバカにしてはいけない。文章語にはない会話体独特の表現があるので、それを知らないと点が取れない。大学によっては、理工学部なら物理・宇宙関係の科学英語、

経済学部なら経済・経営関係の専門英語が出題される。これらの専門英語や時事英語の構文は平易なので、結局は単語力の勝負となる。だから、受験勉強の〝終盤〟に勉強した方がよい。

入試によく出る英文を集めた「頻出英文」という本が何種類か売られているが、キミの志望校で来年出題される確率を計算すると、たったの0.1%だ。しかし、時間があったら読んでおいて損はない。というのは、全く同じ英文は出ないにしても、似たような内容の文章が出ることがあるからだ。勉強にあきたときなどに、小説でも読むようなつもりで、「頻出英文」の日本語訳だけを読むのがポイントである。英文を読む必要はない。（参考書はP.156）ついでに、

リスニングの話をしておこう。リスニングが苦手な原因は、次の2点に大別される。❶個々の単語は聞き取れるが、英文の内容がつかめないケース、❷単語自体がうまく聞き取れないケース。（参考書はP.156〜157）

❶は明らかに英文読解力の不足である。対策としては、比較的平易な英文を、〝音読〟しながら意味を考えていく訓練をすること（音読すればトンボ返り和訳はできない）。リスニングに挑戦するのは、その後だ。なお、リスニングでは口語英語が頻出するので、会話体の慣用表現を暗記しておかないと、単語は聞き取れても意味がわからないこともあり得る。

❷のケースで注意しておきたいのは、発音記号をいちいち暗記するのはムダだということだ。リスニングに関しては、「百見は一聞にしかず」――つまり発音記号を目で知っていることと、

耳で聞き取れることとは、まったく別なのだ。❷の対策としては、NHKラジオの「基礎英語3」などを毎日聞いて、耳で覚えていくしかない。

長文読解の㊙テクニック

長文というのは、ただ単に短文がいくつも並んでいるものでは決してない！　長文には論旨の展開があるので、それに合わせた独特の読み方が必要である。この読み方を**パラグラフ・リーディング**という。ところが、このことを全然わかっていない参考書が多い。その代表例が、「英文解釈教室」（研究社）だ。（役立つ参考書はP.154）

いきなり長文を読み始めるのではなく、まず最初は設問に目を通すこと。そうすれば、設問に関係のない英文は多少意味がわからなくても読みとばせるので、時間の節約になる。また、知らない単語の意味が、選択肢の和文に書いてあることもあり得る（英問英答の場合は、英問だけを読み、選択肢の英答は読まなくていい）。設問は問1から順番にやるのではなく、問題文中に出てきた順序で解くことは言うまでもない。

問題文は最初の3行と最後の3行をまっ先に読むべきである。この部分には本文の結論が書かれていることが多いので、著者の主張をまず把握してから本文を読んだ方がトクなのだ。

ここで長文の典型的な論旨の展開を、以下に図式化しておく。

英語

❶問題提起→本論→結論
❷結論→理由または具体例

本文の結論は、一番最後の文章に書かれていることが最も多く（右記の❶）、次に多いのが冒頭の文章に結論がくる場合（右記の❷）である。❶の場合は、冒頭の文章で問題を提起し、次に本論がくる。本論でよく見られるパターンは、最初に一般的なことを書き、次にそれを否定することによって筆者の主張を強調するという論旨展開である。したがって、逆接の語句の後に筆者の主張が来ることが多い。❷の場合は、結論を正当化するための具体例や根拠が第2段落に来る。

- 「結論」を示す文章は、以下の語句の直後に書かれることが多い。
  In short, in brief, in a word, after all, therefore, thus, accordingly, consequently, finally, as a result, in conclusion, to sum up
- 筆者は結論の文章に力を込めて書くので、以下のような「強調語」が含まれることがある。
  It ~ that, 強調の do, must, should, need, have to, 最上級、very
- 「逆接」の語句を挙げておく。
  But, yet, however, nevertheless, on the contrary
- 「理由」を示す語句には、because, for, The reason is などがある。
- 「具体例」は、for example, for instance などの後に引用されることが多い。次に、

段落レベルでの話に移ろう。段落のキー・センテンスも、段落の最初の文（時には最後の文）である。キー・センテンスは抽象的に書かれているので、意味がわかりにくい。だが、ここで長く考え込んではいけない。キー・センテンスを説明するために、具体例を挙げてわかりやすく書かれた文章が、すぐ後ろに続いていることが多いからだ。（参考書はP.154〜155）

長文を読む時は、段落ごとの要点を必ず、〝日本語〟でメモすること！　そうしないと、後から見直す時に非常に大変だ。これは、〝リマインダー法〟という比較的有名な方法である。

最後に、文章レベルでの話をしておく。制限時間が短いので、返り読みをせずに、英語の語順で読み下すこと。1つの文章がかなり長い場合は、S・V・O・Cにあたる単語に丸印をつけて棒線で結び、長い修飾語や挿入句はカッコに入れておくと、わかりやすい。

設問解法の裏ワザ

内容一致問題 （参考書はP.153〜154）

本文の内容と同じことを言っている選択肢を選ばせる「内容一致問題」の場合、出題者のワナは以下の①〜⑫ポイントに代表される。①〜⑦は選択肢が英文の場合、⑧は和文の場合、⑨〜⑫は英文・和文ともに当てはまる。

①本文が部分否定であるのに、選択肢は全部否定になっている。（例 not always ≠ never）

②程度の違い。(例 all ≠ most/always ≠ often)
③混同しやすい語に注意。(例 economic ≠ economical/doubt ≠ suspect)
④述部の違い。(例 may ≠ must/was ≠ had been)
⑤最上級や限定語が、選択肢の方だけについている場合は誤り。(例 the most/only)
⑥その他の微妙な違い。(例 few ≠ a few/only の位置)
⑦本文と同じ単語がやたらに出てくる選択肢はワナである。前記の①~⑥が当てはまらないかを、よく検討すること。むしろ正解の選択肢は、本文中の語句を別の語句で言い換えている場合が多い(正解の選択肢が、受験生にすぐにわからないようにするため)。
⑧選択肢の日本語が意味不明の場合は誤りである。こういう場合は、受験生がミスしやすい典型的な誤訳が書かれていることが多い(例えば多義語の意味の取り違え、構文ミス)。
⑨指示語(it)の内容を取り違えている選択肢(指示語の前の部分に注目)。
⑩本文では倒置のために目的語が文頭に来ているのに、選択肢の文は本来の目的語を主語として書かれている。
⑪隠れた否定語を使ってカモフラージュしているところがある。(例 few, little, hardly, scarcely, seldom, far from ~, the last ~, fail to ~)
⑫常識的には正しくても、本文に書いてなければ誤り。(例:太陽は東から昇る)

■要旨選択問題（参考書はP.153〜154）

本文の要旨を選択肢の中から選ばせる「客観式の要旨選択問題」のポイントは、次のとおりだ。

①一番最後の文または冒頭の文に結論が書かれていることが多いので、これと同じことを言っている選択肢を選ぶ。この方法で解けない場合は、以下のように考える。

②具体例を挙げている選択肢ではなく、一般的で抽象的な内容のものが正解となる。

③正解の選択肢には、本文の最頻出語（たいていは抽象名詞）が必ず含まれる。

④筆者は本文で建設的な意見を述べようとしているので、単に何かを否定しているだけの選択肢が本文の要旨となることは少ない。

■大意要約問題（参考書はP.156）

「論述式の大意要約問題」の解き方を述べよう。安直な方法としては、パラグラフ・リーディングの手法を使って、各段落のキー・センテンスと結論の文章を抜き出し、接続詞を使ってくっつければできあがり。短時間で、それなりの点数は取れる。

もう少しチャンと勉強したい人は、次のようにするとよい。英文要約というのは、〃英文和訳〃と〃和文要約〃の2つのステップからなる。ところが、前者だけを勉強して後者の勉強をしない受験生が多い。これでは実力がつかない。「現代文のトレーニング　記述編」（Z会）を使って和文要約も勉強すること。

英語

与えられた英文が、日本語で約何百字になるか見当がつくと参考になる。「赤本」（教学社）には英文の語数が書いてあるので、この本を使って英文の語数を当てる訓練をする。そして英文の語数を2.5倍にすると、全文和訳したときの字数になるのだ。

■下線部和訳の盲点（参考書はP.153）

受験生の間違えやすい7大構文を挙げておく。

①倒置、②挿入・同格、③共通関係、④省略、⑤指示語の指す語句、⑥関係代名詞の先行詞、⑦見落としやすい熟語

「何だ、そんなことなら構文集で勉強して知っているよ」などと、決して言ってはいけない。平易な短文ばかりの構文集で知っていても、入試問題の英文は抽象的で難しく、修飾語句が長いので、①〜⑦の誤訳をしても気づかないことが多いのだ。和訳した文章の言おうとしていることが自分に理解できるかを、必ず確かめることが大切である。何を言っているのかわからないが、一応和訳したなどという勉強態度では全然ダメだ。

共通関係を例にとって説明してみよう。たとえば、「名詞（A）and名詞（B）＋関係代名詞〜」または「名詞（A）and名詞（B）＋of〜」という場合に「〜というAとB」なのか、「Aと、〜というB」なのかは文脈による。英文が難解だと、この区別がつきにくいのだ。

省略された語句は補って訳し、指示代名詞や代動詞のdoは、指している内容がわかるように

訳すのが原則である。ただし、訳文が長くなりすぎる場合は、いちいち訳す必要はない。指示語は前出の語句を指すことが多いが、節や文章全体を指したり、後ろのものを指すこともある。

中間部が長い場合の相関語句（例 not ~ but）や、超基本単語から構成される熟語（例 be to/this ~ that ~）は見落としやすいので注意するように。難関大学の下線部和訳では、偶然に熟語と同じ語順になったものがイジワルく出題されることもある。（例 but for ~ /have to/not ~ but/it ~ that）

変な日本語にならないように、〝訳出上の工夫〟をすることも大切だ。たとえば、非常に長い英文を無理やり1つの文章で訳すと、奇怪な日本語になってしまうことがある。そういう場合は、2つの文章に分けて訳したり、カッコをうまく利用するとよい。また、「名詞（A）of名詞（B）」は何でもかんでも「BのA」とするのではなく、「BをAすること」「BがAすること」と訳すと自然な日本語になることもある。（参考書はP.153～154）

英文法は語法で差がつく

英文法の問題集を5回勉強しただの、10回やっただのと回数ばかり自慢しているヤツがいるが、これはバカの見本だ。なぜかというと、たとえば仮定法が弱いヤツは、同じ本を何回繰り返しても仮定法が弱いことには変わりないからだ。その本に載っている仮定法の問題は解けても、別の本の仮定法の問題はあまりできないはずである。大切なのは、回数を増やすことではなく、弱点を克服することなのだ。

弱点を克服するには、以下のようにすればよい。多くの英文法の問題集は、前置詞・仮定法……などと品詞別・文法項目別に分かれている。解けた問題には○印、できなかったものには×印をつけて、分野ごとの得点力を計算すると、キミの弱点分野が判明する。そうしたら、新たに別の問題集を買って、その弱点分野だけを勉強すればいいのだ。

英文法の配点は、大学によって全然違うことにも注意しよう。つまり、英文法がほとんど出題されない大学もあれば、英語の問題の半分以上が英文法というところもある。志望校の英文法の配点にマッチした分量の参考書を選ぶことが重要である。（参考書はP.159〜161）

英文法の問題をフィーリングやカンで解いて、「当たった」「ハズレた」などと言っているヤツが多いが、こういう勉強法では全然ダメだ。必ず〝理由づけ〟をすることが大切である。つまり、穴ウメ問題では、なぜこの単語が入るのか、似たような意味の別の単語はなぜ間違いなのか（選択肢が与えられている場合は、正解以外の選択はなぜ間違いなのか）、その理由を考えるわけだ。

〝理由づけ〟といっても、何も難しいことをやれと言っているのではない。「こういう熟語だから」とか、「この場合はこの前置詞だと、文法書に書いてあるから」という程度のことでいいのだ。こういう方法で勉強しておかないと、いずれ成績が伸び悩む時期が必ず来るゾ！

脳科学的にいうと、英文法は〝言語野〟という部分を使う。一方、入試の英文法問題は、〝海馬と側頭葉〟に蓄えた知識を使う。英文法を〝フィーリングやカン〟で解くヤツは、言語野しか使わない。一方、〝理由づけ〟をする時は、海馬と側頭葉を使っている。

英文法の問題でわからないところがあったら、「ロイヤル英文法」（旺文社）などの文法書で調べる。こういう本は、全部暗記しようとしてはいけない。辞書的に使うべきである。――これは受験生なら常識だ。しかしこの勉強法には大きな欠点がある。それは、市販の文法書の大部分が〝品詞別・項目別辞典〟だということだ。実は、この他に〝語法辞典〟がないと入試には対応できない。「EARNEST 英文法・語法」（文英堂）をすすめておく。

入試では、英文法問題のほとんどが熟語や構文の穴ウメである。しかし、こんなものは誰でも暗記してくるので、試験ではあまり差がつかない。一方、語法問題は配点が少ないが、入試で差がつきやすい分野である。語法は受験生共通の盲点なのだ！ 特に、難関大学の場合は、語法問題のデキが合否を決めると言っても過言ではない。（参考書はP.160〜162）

英作文勉強法の秘策――通信添削でわざとビリを取れ!?

英作文は平均点が低く入試で差がつきやすい分野である。その理由は、英作文は「文法」「構文」「単語」「熟語」の４つの〝総合力〟を必要とするからだ。

英作文勉強法のフローチャートを、もう一度繰り返して書いておこう。

❶構文→❷慣用表現→❸話題別頻出語句→❹実戦演習

❶の構文は、英文を見て和訳する練習を受験勉強の初期の頃にやったはずだ（P.71を参照）。今度は、和文を見て英文がスラスラ言えるようにするのだ。〝条件英作文〟は英語の表現力を見るのではなく、構文の知識をためすわけだから、❶だけで十分だ。条件英作文の問題演習は必ずしも必要ないが、心配な人は「富田の入試英文法Ｖｅｒ・２整序問題」（代々木ライブラリー）をやること。（参考書はP.163）

一方、〝和文英訳〟対策には❷❸❹が必要である。

❷の和文英訳の慣用表現に関する参考書（例えば桐原書店の「パターンで覚える英作文頻出文例360」など）は、❶の構文集の焼き直しである。しかし、❶が英文の構造に基づいて分類しているのに対して、❷は日本語では同じ言葉でも英語にすると違う語句になるものに重点が置かれているので、和文英訳対策には❶よりも❷の方が断然良い。（参考書はP.162）

すでに❶の英文がスラスラ言えるようになっている人は、❷を省略してよい（本当は❷もやってほしいが、時間がもったいない）。❶の英文がまだ頭に入っていない人は（こういう人が大部分のはずだ）、❶ではなく❷をしっかりやること。

❸の頻出語句は、全分野を均等にやるのではなく、志望校に出そうな分野に重点を置くことは言うまでもない。（参考書はP.162）

最後は❹の実戦演習だ。「英作文は英借文」と言われるように、決して自分の頭で勝手な英文を考え出してはいけない。自分では正しいと思っても、アメリカ人から見れば非常に不自然な言い方になっていることがよくあるのだ。英作文で点を取るコツは、問題文をうまく言い換えて（つまり和文和訳して）、暗記した英文（❶❷❸）を拝借して書くことである。（参考書はP.162〜163）

英作文の実戦演習は独学では不可能だ。キミの書いた英文が、参考書の模範解答とかなり違っていたとしても、それで正しいかもしれないし、やはり間違っているかもしれない。だから第三者に見てもらう必要がある。それには通信添削がベストだ。一般的に通信添削は、参考書に比べて効率が悪いため、あまり勧められないが、英作文は例外である。ボクも受験生時代にZ会をやっていたが、英作文だけは答案を書き、英文読解と英文法は白紙で出していた。そのため成績はいつもビリに近かった。しかし、これでいいのだ。このようにわざとビリを取ることが、実は合格への最短コースなのである！

数学

数学の苦手克服法は暗記だ
解けなくても点数を稼ぐ方法もある

勉強の進め方のフローチャート

残念なことだが、問題を次々と自力で解いてセンスをみがくことが数学の勉強だと思っているヤツが非常に多い。だが、そんなバカなやり方では、決して数学ができるようにはならない。数学的センスという現象は、脳科学的に存在しないのだから（P.94と96を参照）。

それでは、数学の正しい勉強法をフローチャートで示そう（参考書はP.165〜167）。

教科書無視→基礎本・計算力→赤本→パターン暗記本→※
※→3W1H演習本→盲点本→総復習

教科書には定理の証明などのヘリクツしか書かれていないので、受験には何の役にも立たない。こんなものは、すぐにゴミ箱に捨てて、基礎力養成用の参考書……つまり〝基礎本〟で勉強するべきだ（たとえば文英堂の「理解しやすい数学」など）。

数学

〝基礎本〟の使い方のポイントは、1分間考えて解けなかったら、すぐに答を見て、やり方を丸暗記してしまうこと。この程度のレベルの本は、解き方自体が公式だと言っても過言ではないので、長時間考えても何の意味もない。それよりも、「こう来たらこう解く」という具合に条件反射的に〝海馬（＝記憶を作る工場）〟で覚えてしまうのがよい（参考書はP.165）。

「暗記せよ」などと言うとキミたちは驚くかもしれないが、数学ができるようになるコツは、〝考えること〟ではなく、〝暗記すること〟なのだ。数学を考えて解く人は、「思考力」を鍛えるつもりであろう。思考力は「前頭葉」の役割だが、実をいうと、前頭葉はカンニングしている。前頭葉は、側頭葉の「過去の記憶」をこっそり見て、その記憶を利用して問題を解く。そして、困ったことに、前頭葉はカンニングしたことを自覚していない。なぜなら、〝無意識〟のうちに、前頭葉と側頭葉が電気的に繋がる（＝電話）からだ。その結果、「自力で考えて解けた」と思い込む。しかし、「自力で考えて解けた」というのは脳科学的にマチガイ。

計算マチガイをしやすい人は、入試までかなり時間が残っているうちに計算練習をしておくこと。解き方がわかっても、計算マチガイしたら0点だ。〝基礎本〟は公式を当てはめれば解ける単純な問題が多いので、計算の訓練に向いている。また、中学で習った幾何の定理が、ベクトルや空間図形のところで意外と役立つことがあるので、これも今のうちに復習しておこう。

志望校の赤本は、なるべく早めに見ておくべきだ（できれば高3の1学期）。この時期には問題を解かなくてもいいが、志望校の問題傾向だけはしっかりと把握しておくこと。つまり、どの分野が試験に出やすく、どの分野はあまり出ないか、難易度はどのくらいのレベルかということを頭に入れておくのだ。このデータに基づいて、今後の勉強計画を立てていくわけである。

〝基礎本〟だけでは入試に対応できないので、次に〝解法パターン暗記用の本〟……つまり暗記本を使う。代表的な暗記本に、「青チャート」と「黄チャート」(数研出版)がある。

〝暗記本〟の使い方のポイントは、5分間考えて解けなかったら、すぐに答を見て、解法のパターンを暗記することである。もしも問題をいちいち自力で解いていったら、いくら時間があっても足りない。それよりも、解けない問題はスグにあきらめてサッサと暗記してしまった方が時間の節約になる。そうすれば「チャート式」1冊が、1ヶ月で終わってしまう。

〝暗記本〟で1つの分野をやり終えたら、そのつど志望校の過去問でその分野に関する問題を自力で解いてみよう。問題の難易度が実感としてわかるはずだ。ここで大切なことは、問題が解けた解けなかったと一喜一憂することではなく、自分の弱点を明らかにして今後の勉強課題を見つけることにある(参考書はP.165〜166)。

理系や一部の文系(国公立大2次対策)では、レベルの高い〝演習本〟をやる必要がある。たとえば、東京出版の「大学への数学」の〝増刊号〟を使う(参考書はP.166〜167)。

〝演習本〟の使い方は、〝暗記本〟とは少し違ってくる。つまり、後述の3W1H法によって、考え方の軌道修正をするわけだ。また、志望校に出やすい分野の演習量を多くして、この分野の得点力を他の分野よりも高くしておくことも大切である。

数学で差をつけたい人は、演習本に加えて、いくつもの分野に共通する考え方を扱った〝横割り本〟や受験生の盲点を集めた本をやっておこう。（参考書はP.167）

数学は暗記科目なので、入試の直前期には総復習をする必要がある。また、難問と易問を見わける訓練もこの頃にやっておくこと。（P.107～108を参照）

数学の苦手克服法――それは暗記だ!?

数学が得意になるヒケツは、〝解法パターンの暗記〟である。決して、〝思考力〟をきたえようなどとしてはいけない。第一、数学的思考力などという現象は、脳科学的には存在しないのだ。

前述したように（P.94を参照）、思考力を使って解いたつもりでも、実際は〝無意識に〟過去の記憶（＝以前にやった問題の解法パターン）を使って解いている。つまり、思考力≒過去の記憶。だから、考える勉強法ではなく、暗記式の勉強法をするべきだ。

もう1つ、キミたちの好きな言葉に〝ヒラメキ〟というものがある。このヒラメキという現象も脳科学的にはありえない。以前に見たことを完全に忘れていたが、その古い〝記憶〟が突然よみがえること（＝側頭葉の記憶を思い出す）――これがヒラメキの正体だ。

入試問題を見ると、参考書に載っている問題のどれかと解き方のパターンが同じであることに気づくであろう。たとえ難問といえども、結局はこの解法パターンをいくつも組み合わせたにすぎない。それもそのはずだ。大学で習う数学は高校の数学とはかなり異質なものなので、大学の教科書から入試問題を作ることは不可能である。だから、過去問を少しいじくって入試問題を作るしか手がないのだ。そしてできあがった問題は、外見は違っていても中身は同じということになる。その証拠が、「青チャートで東大理Ⅲも受かる」（ごま書房）という本だ。

本番の入試では、1問平均15～20分しか時間がない。計算・清書・見直しの時間を差し引くと、10分以内に解き方がわからなくてはダメだ。この短時間に、あ～でもない、こうでもないなどと試験場でじっくり考えているヒマはない。数学の正しい解き方というのは、覚えている様々な解法パターンを思い出し、それらの中からこの問題に使えそうなパターンをいくつか選び出して、当てはめてみることである。つまり、「英作文は英借文」と言われるように、「数学は数覚」なのだ（ちなみに、解法パターンを覚えているのは、脳の海馬と側頭葉という部分）。

数学のノーベル賞ともいえるフィールズ賞を取った広中平祐博士も、入試問題にチャレンジした結果、次のように言っている。「受験数学は単なる技術です。技術がないと解けません」と。日本一頭の良い人がこう言っているのだ。広中博士の足元にも及ばないキミたちが、受験数学を考えて解こうなどというのは10年、いや30年早い。

数学が暗記科目であるということは、頭の中にある解法パターンの〝数〟が多ければ多いほど得点力がUPすることを意味する。だから、なるべく〝多く〟の問題を〝短い〟時間で勉強すべきである。そのためには、少し考えてわからなかったら解き方をサッサと覚えてしまうと効率がよい。この勉強法なら、1時間に10問マスターすることも夢ではない。

何度も繰り返すが、問題を自力で何時間もかかって解くのは時間のムダだ。自力でモノにしようと、解法を暗記しようと、身についてしまえば価値は同じである。だったら、時間が節約できる方を選ぶべきではないか。（暗記本はP.165〜166）

高校の授業では数研出版の「4STEP」や「オリジナル」などの問題集を生徒に黒板で解かせて、先生が解説をする方式が多い。だから予習をしていないと、みんなの前で恥をかくことになる。しかし、予習は決してやってはいけない。時間のムダだ。数学は暗記科目なので、予習よりも復習の方が大切なのである。他の人が黒板に書いた解答を読んで理解したら、解法のキーポイントだけをノートに書きとめて暗記する――これがベストの方法だ。恥をかくことを恐れて予習をするようなヤツは、一流大学は絶対に無理だ！

「数学は暗記だ」と何度も繰り返してきたが、暗記のやり方にも要領がある。意味もわからずに、式や数値を棒暗記するのはナンセンスだ。なぜこのように式が変形されるのか、そのプロセスの「理解」が前提となることは言うまでもない（極端なことを言うと、解答の大意を100〜200字の文章で要約できるかを試してみるといい。もし解答のプロセスを理解できていなければ、要約できないはずだ)。解答の意味が理解できている場合は、以下の要領で暗記しよう。

解答には、問題を解くカギとなるポイントが必ず存在する。このキーポイントは〝基礎本〟では1カ所、〝パターン暗記本〟では2〜3カ所が普通である。このキーポイントになる場所を軸にして暗記するのがコツだ。だから、キーポイントの部分に必ずアンダーラインを引いておくこと。このようなポイントをたくさん覚えておくと、これらの組み合わせによって大抵の入試問題は解ける(キーポイントは、「青チャート」なら「指針」や「CHART」、「黄チャート」なら「CHART&SOLUTION」という〝四角い枠の中〟に書いてある)。

日本史や世界史の暗記と比較すると、数学の暗記は非常に論理的なので、覚えやすく忘れにくい。たとえ完全に忘れてしまっても、問題に取り組んでいるうちに解き方を思い出すことができる(この現象をバカな受験生は〝ヒラメキ〟と呼んでいる)。それと対照的に、日本史や世界史は無味乾燥な用語の羅列なので、もし一度忘れると、いくら考えても思い出すことは不可能だ。そういう意味でも、私大文系で地歴の代わりに数学を選択するとトクなのである。

〝暗記本〟を覚える自信のない人は、解答の意味を理解しながら、〝通読〟するだけでもよい。そのかわり、その参考書を全部で5回以上繰り返すこと。自分ではまだ覚えていないと思っていても、頭のどこか片隅に記憶されているものだ。

問題演習は「3W1H法」でやれ

数学の勉強も〝演習本〟レベルまで進んでくると、今までとは勉強のやり方が少し違ってくる。つまり、解けなかった問題を最終的に暗記することには変わりがないのだが、その前に3W1H法による思考経路の修正が必要なのだ。

記憶再生↓選別↓構成……↓3W1H法

右記のフローチャートは、演習本の問題を解く時の〝頭の働かせ方〟を示している。つまり、問題を見たら、〝基礎本〟や〝暗記本〟で勉強した様々な解法パターンを思い出し、これらの中から、今やっている問題に使えそうな解法パターンをいくつか選び出し、それらを組み合わせて解いていく。易問なら1つのパターンを当てはめればスグに解けるが、難問の場合は3つ以上のパターンを順序よく並べないと正解にたどりつけない。そして、もし解けなかった場合には、3W1H法の登場となるわけだ。（参考書はP.166〜167）

〝実際の手順〟は、以下のようにすればよい。まず、問題を見て10分間考えながら、わかったところまでをノートに書く。この時点で解けそうにないと判断したら、すぐに正解を見る。解けそうだと判断したら、さらに10分間取り組んで答を出す。もし合計20分以内に答がわからなければ、サッサとあきらめる。そして、どこで（Where）間違えたのか、何に（What）気づかなかったのか、なぜ（Why）できなかったのか、どのように（How）考えたら解法を思いついたのかというように解けなかった〝原因〟を分析し、今後はどのように（How）勉強すれば弱点を克服できるか、その〝対策〟を立てるのだ。また、似たような解法パターンを使った問題が〝暗記本〟になかったかどうかをチェックすることも忘れてはいけない。

この3W1Hを必ず赤ペンでノートに書き込んでおくこと。以下にその一例を示す。

- Where―ノートの8行目から、違う方向へ進んでしまった。
- What―○○○の公式。
- Why―この公式は知っているが、こういう状況で使うことがわからなかった。つまり、選別段落での誤り。
- How―この公式を使っている問題をチェック⇩「4ステップ」（P.50）同じ解法パターンの問題を復習する⇩「青チャート」（P.100）

このような経験を積んでいくうちに、次第に思考経路が軌道修正され、数学の問題に対するアプローチの方法が身についていくのだ（脳科学的に言うと、海馬と側頭葉のバラバラの知識が、シナプス結合する）。ところが多くの受験生は、解けなかった問題の解答を見て「なんだ、こう解けばいいのか。クソッ！」などと言っているだけで、全く反省せず、計算用紙も捨ててしまう。このような勉強態度では、学力が伸びることは絶対にありえない。

数学

受験生の中には、1つの問題を何時間も考えるヤツがいる。そして問題が解けると、自分はその問題ができたと錯覚してしまう。なるほど家では解けたかもしれないが、制限時間のある試験場だったら解けていない。できない問題はサッサとあきらめて、制限時間内に解けなかった原因を3W1H法で分析することが重要なのだ。

"演習本"でもう1つ大切なことは、以下の方法で得点力をチェックすることである。数学の試験範囲（数Ⅰ・A・Ⅱ・B・Ⅲ）を細分化すると約20分野になるが、この20分野を志望校の入試に「頻出する分野」「時々出題される分野」「ほとんど出ない分野」の3グループに分ける。そして、この3グループの問題演習を3問：2問：1問の比率でやるのだ。次に、1問ごとに採点し（10点満点でよい）、それを集計してみる。もし3グループの得点力が、8点：7点：6点というように出題頻度と同じ順序になっていればOKだ。なぜなら、出題頻度が高い分野で高得点を取れれば、総合点がアップするから。しかし、もしそうでない場合は、問題演習の比率を変える必要がある（たとえば4問：1問：1問とか）。

出題頻度と難易度が一致しない分野があることにも注意しておこう。たとえば、微積は入試に頻出するが、機械的に解けるので比較的ラクだ。もし微積の得点力だけが極端に高ければ、他の分野に勉強時間を回した方がよい。逆に、数Aは試験にあまり出ないが、いくらでも難しい問題を作ることが可能な分野である。

計算力でこんなに差がつく

計算力があるかないかで得点に差が出る。ところが、これをわかっていない受験生が意外に多い。しかし考えてもみたまえ。たとえばマークシートの数学の場合、やり方がわかっても計算間違えば0点になってしまう。また、ベクトルで考えて解けない問題は、座標で計算すれば絶対に解けるが、計算が非常に面倒になるので、計算力の弱いヤツには無理だ。それに、受験本番では、問題用紙の裏から問題が透けて見えてしまうことが多い。この時も計算力さえあれば、他の受験生がボケーッとしている間に暗算で解いてしまうことができる。

計算は〝速く〟かつ〝正確に〟

できるのが理想だが、なかなかそうはいかない。そこで次善の策としては、答案の前半ではゆっくりでいいから正確に計算し、答案の後半は間違ってもいいから（本当はよくないが）速く計算することだ。というのは、もし答案の前半で計算ミスをすると、その後が全部違ってくるのでほぼ0点になってしまうが、後半で計算ミスをしても、かなりの部分点がもらえるからである。

大問の中に（1）（2）と小問がある場合は、（2）は（1）の結果を使って解くことが多い。もし（1）で計算ミスをすると、（2）も間違ってしまうので、（1）の計算はゆっくり正確にやるべきである。なお余談であるが、（1）が解けなくても（2）を単独で解ける場合もあるので、本番であきらめないこと。

計算力を高める方法には2種類ある。第1にミスを減らすこと、第2にスピードをアップすることである。まず、第1の方法から具体的に説明しよう。計算マチガイをしたら、どういう種類の計算ミスかを必ずメモしておくこと。計算ミスのパターンは、人によってクセがあるからだ。自分がどういう種類の計算ミスをしやすいかを知っていれば、その種類の計算をする時に注意を払い、計算ミスを未然に防ぐことができる。

試験で見直しをする時には、全部計算し直すヒマなどないから、自分のミスしやすいポイントだけを検算すればよい。ここで重要なことは、逆算できるところは必ず逆算して検算することである。たとえば、掛けたところは割り、因数分解したところは展開し、積分したところは微分するなどのように。もし逆算しないで検算すると、同じ計算ミスを2回繰り返すことが非常に多いのだ（場合の数のように逆算できないケースは、同じ条件で個数を減らして問題を解き、実際に数えてみればよい）。

問題を解いていて計算式があまりにも複雑になってきたら、計算ミスをしていると考えた方がよい（もし計算が合っているなら、考え方が根本的に間違っている）。どの程度複雑になったら怪しいと考えるのか――これは言葉では表現できない。しかし勉強をしているうちに、だんだん〝実感〟としてわかってくる。その〝実感〟を大切にすることだ。

さて今度は、計算力を高める第2の方法、つまりスピード・アップについて述べよう。この訓練には「10分間復習ドリル　数学」（増進堂・受験研究社）などを使うとよい。この本は中学生用のドリルだが、決してバカにしてはいけない。計算の訓練には、このくらいのものがちょうどいいのだ。このドリルを制限時間の半分で満点が取れるようにがんばってほしい。

解けなくても点数を取る方法!?

試験場でどうしても問題が解けない時も、決してあきらめてはいけない。いかにも本当らしく見えるデタラメを書いて、採点者をだまし、点数を稼ぐべきである。答案には正解を書かなければいけないと考えているヤツが多いが、そういうバカ正直なことでは、試験には絶対に受からない。ボクは受験生時代に、この方法でさんざん点数を稼いでいた。ただし、数学の実力がかなり高くないと、このテクニックをうまく使いこなすことはできない（参考書はP.167）。

具体例をいくつか挙げよう。まず「証明問題」であるが、これは結論がわかっているから簡単だ。条件式を結論の式に近くなるように変形する。そして行き詰まったら（式①）、結論を条件式に近くなるように変形する（式②）。①から②への変形がどうしてもできない場合には、「yとzを消去して（カゲの声：消去できないから苦労しているんだ）、xについて整理すると」というように、適当なつなぎの文章を使って、①と②を強引につないでしまうわけだ。

「どんな三角形か？」という問題の答は、直角三角形・正三角形・二等辺三角形のどれかに決まっている。そこで、図をかきながら、直角三角形なら与えられた条件を満たすか？　正三角形はどうか？　などと考えていくと答の見当がついてくる。答が先にわかってしまうと、解き方もわかることが多い。それでも解けない場合には、例えば直角三角形なら、$AC^2=AB^2+BC^2$を〝強引に〟しかも〝目立たないように〟使って、答案を書き進めていくと、そのうちに正解に到達する。答が合っていれば、途中の理論が多少意味不明でも、かなりの部分点がもらえるのだ。

「整数nを求めよ」という問題の答は、$n=-1, 0, 1, 2$のどれかに決まっている。そこで、これらを与式に代入すれば、答が求められる。マークシートなら、これで十分だ。記述式テストの場合は、$n=1$という前提で、〝強引に〟式を変形してしまう。

答の見当が全然つかないタイプの問題に対しては、わかったところまで書くのは当然だが、その後の方針だけでも書いておくと部分点がもらえる。たとえば「yを消去して（カゲの声：消去する方法がわからないんだ）、xだけの式にして因数分解すれば答が求められる。即ち、$4x^3+$」などと、解き方はわかるのに時間がなかったというニュアンスが採点者に伝わるような書き方で答案をしめくくるのがポイントである。

採点者をだます答案を書く時に、注意すべき重要な点が1つある。それは、模試と違って本番の入試では計算用紙も回収され、これも採点の対象になるということだ。受験生が答案にワケのわからないことを書いていると、採点者は計算用紙を参考にして、受験生の考えていることを理解しようとする。だから、インチキをしたことがバレてしまうような痕跡を計算用紙に残してはダメだ。裏をかいて、「yが消えた　ＯＫ！」などと、それとなく書いておくのが効果的だ。採点者を徹底的にだます――これがプロの受験技術なのだ。

受験直前期の3つの戦略

受験直前期に必ず実行してほしいことが3つある。それは①答案の書き方の研究、②難問の見わけ方の訓練、③総復習、だ。

①受験生の中には、式だけを羅列した、まるで計算用紙のような答案を書くヤツがいる。こういう答案は、模試では良い点数がもらえたとしても、落とすことが目的の入試では相当減点されてしまう。特に、キミの解き方が大学側の模範解答と違う場合は、キミが考えたことを採点者に理解してもらえず、答が正しいのにバツになることもあり得る。これは非常に損だ。数学の答案は、接続詞や動詞を使ってスジ道がわかるように書くべきである。答案の書き方を身につけるには、駿台・河合塾・代ゼミの模擬試験の模範解答集を参考にするとよい。

②試験の時は、難しい問題を後まわしにして、簡単な問題を先にやる――これは常識だ。ところが実際に、難問と易問を見わける訓練をしている受験生はほとんどいない。つまり口先だけで

実行が伴っていない。こんなことではダメだ。

では、その訓練方法について述べよう。材料は、「全国大学入試問題正解」（旺文社）の中から志望校と同レベルの大学の過去問を選べばよい。まず最初に、全部の問題を読み、これらを易しい順序に並べかえ、解答の予想時間を決める。たとえば、次のようにするわけだ。（3）易15分↓（2）標準20分↓（5）標準20分↓（1）やや難25分↓（4）難10分だけトライ↓見直し10分。以上の操作を3分以内にすませ、答案を紙に書いてみる。そして、実際にかかった時間をメモしておく。最後に答え合わせをする時に、旺文社の難易度表示と自分の予想難易度とのズレ、実際の所要時間と予想時間とのズレを検討すること。このような実戦訓練を5回ほどやっておくだけで、本番での難問の見わけ方や時間配分が非常にうまくなる。そうすれば、易問に見えた難問に制限時間を浪費したり、難問に見えた易問を白紙で出すこともなくなる。。

③数学は暗記科目なので、総復習が必要である。そのやり方は、〝暗記本〟と〝演習本〟の問題と解答を1問1分でどんどん通読していけばよい。そうすれば、側頭葉（＝記憶の倉庫）の奥に眠っていた記憶を、海馬に移動できるので、すぐに思い出せるようになる。

国語

現代文読解に頭の良さやセンスは必要ない
古文の苦手な人は文法と単語の知識がない
小論文の苦手なキミ心配するな

勉強の進め方のフローチャート

国語の勉強を始めるにあたり、1つ注意しておくことがある。それは、国語は勉強した時間の割に成績が上がりにくい（特に現代文）科目であり、標準偏差も小さいので（P.33〜35を参照）、勉強時間は少なくせよということだ。

国語の試験には、「現代文・古典型」と「小論文型」の大学とがある。このどちらで受験した方がキミに有利かを、最初に見きわめなければいけない。赤本でよく研究しよう。

では、国語の勉強の順序をフローチャートで示す。（参考書はP.168〜176）

（現代文）濃縮読書→記号読解→文学史・漢字→直前期は3日に1題
（古　文）文法→単語→構文→テクニック本→読解→的中古文→総復習
（漢　文）句法→読解演習＋単語→総復習

国語

■現代文……前頭葉と言語野を使う

現代文が苦手な人は読書をすればよいのだが、受験生にはそんなヒマはないし、ただ漠然と本を読むだけでは意味がない。大切なのは、文章の要所要所で立ち止まり、考えながら読むというように中身の濃い読書をすることである。そのためには、本文の説明が非常に詳しい参考書をじっくりと読んでいくのがよい。これが〝濃縮読書〟だ（参考書はP.168）。

基礎的な読解力がある人は、濃縮読書をとばして〝記号読解〟から始めよう。入試問題には論理的に書かれた文章（つまり評論文）が多いので、記号読解が役に立つ。（参考書はP.168～169）

文学史と漢字は、あまり早くから勉強すると忘れてしまうから、入試直前に詰め込むのがポイントである。試験の当日にさえ頭に入っていれば十分だ（参考書はP.170）。

入試1カ月前になったら、新しいものには手を出さないのが鉄則であるが、現代文は例外である。カンを鈍らせないために、3日に1題（できれば1日1題）は新しい問題を解くこと。

■古文・漢文……海馬と側頭葉を使う

古文は外国語だ、というつもりで勉強した方がよい。英語と同様に、最初は文法をやること。しかし、英文法と違って、古典文法の問題が出題されることはあまりないから、古文読解に必要な最低限の知識があればよい（参考書はP.170）。

その次は単語だ。ただし、この時期には、完璧に全部を覚える必要はなく、再認可能レベルで十分である（P.59～60を参照）。後で読解演習をする時に、忘れかけていた単語をそのつど単語集で確認することによって、次第に記憶を定着させていけばよい。（参考書はP.171）

単語集には慣用句や古典常識も載っているので、これも必ず覚えておこう。古典常識がないと、訳せるのに問題が解けないということがあり得るのだ。なお、難関大志望者で、時間に余裕がある人は、構文も勉強しておくと役に立つ（参考書はP.171）。

設問を解くためのテクニック本を一通り勉強した後に、読解演習へと進み、暗記したテクニックを試してみよう。読解演習の時は、単語集を見ながら現代語訳を考えてもいいが、辞書は使ってはいけない。その理由は、英語のところですでに述べた（P.76～77を参照）。

受験勉強の終盤には、〝的中古文〟――つまり志望校に出そうな出典の現代語訳を読もう。ただし、原文は読む必要がない！　時間のムダだ。古文は、英文読解に比較すると、はるかによく本番で的中する（参考書はP.173）。

漢文は初めに漢文法（つまり句法）を勉強し、次に読解へと進む。読解演習の時には、漢文単語集を辞書として使うのがポイントである（参考書はP.174）。なお、暗記的要素が強い（＝短期完成が可能な）方から順に並べると、漢文＞古文＞現代文となる。

国語

■小論文……言語野と海馬・側頭葉を使う

小論文には3タイプある。つまり、①タイトルやテーマを与えられる「課題作文型」、②与えられた文章に対する自分の考えを書く「感想文型」、③グラフやデータを読み取る「資料型」である。①は推薦入試に多く、②③は一般入試に多い。②と③の違いは、与えられたものが文章か図表かということである（その学部に関係のあるテーマが出やすい）。

タイプにより勉強法が異なるのは言うまでもない。しかし、どのタイプにせよ、まずは第一に、良い文章を書くための〝基本ルール〟を知らなければ話にならない（参考書はP.174）。

次に、書くための〝ネタの仕入れ〟――つまり政治・経済や現代社会の〝知識〟を身につけるのだ。ネタを仕入れることは、3タイプのすべてに有効であるが、最も効果的なのは資料型、以下、課題作文型、感想文型の順である。また課題作文型では、模範文例集と似たような問題が出ることがあるので、文例集の内容を〝覚えておく〟とよい。つまりは小論文・作文イコール暗唱論文・盗作文、恐れることなどない（参考書はP.175）。

暗記が終わったら〝実戦演習〟へと進むわけだが、これには通信添削がベストだ。もし通信添削だけでは物足りなければ、参考書も使えばよい。しかし、参考書が〝ある程度〟役に立つのは、答のパターンが比較的決まっている小論文（つまり、資料型＞感想文型の順）であることに注意しておこう（参考書はP.176）。

現代文の苦手克服法は「理由づけ方式」だ

現代文の読解に頭の良さやセンスは全然必要ない。その証拠に、どんなに頭の良い小学生でも国語の実力はキミより劣る。このことから、現代文の実力は頭の良い悪いとは関係がなく、生まれてから現在までの読書量のトータルに正比例することがわかる。しかし、受験生には悠長に読書をしているヒマなどない。では、どうしたらいいのか？

それは、「濃縮読書」をすればいいのだ。つまり、文章が比較的平易で本文の解説が詳しい参考書を使って、本文が完全に理解できるまで何度も読み返すのである。ちくま学芸文庫の「現代文解釈の基礎」と中央図書の「現代文解釈の方法」は、このような目的にピッタリの本だ。問題を解くことよりも、本文を理解することに重点をおくこと（参考書はP.168）。

現代文が苦手な受験生の中には、読解力うんぬん以前の問題で、語彙に乏しいヤツがいる。これでは話にならない。そういう人のために、「頻出現代文重要語700」（桐原書店）をすすめておく。この本の例文を軽い気持ちで2回ほど通読するだけで、かなり違ってくる（決して単語を丸暗記しようなどとは考えないこと）。なお、河合塾の「ことばはちからダ！」は初心者用。

客観テストの大学を受験するにしても、受験勉強の〝初期〟には必ず論述式の問題演習をすべきである。これは意外と受験生の盲点になっている。現代文というのは、自分の頭でとことん考えて、答を文章で表現することによって初めて実力が伸びる科目だ。しかし、選択肢の中から正しい文章を選ぶ問題は、他の人が書いた正解の文章を最初から見てしまっているわけだから、こんな問題ばかりいくら解いても実力はつかない。

もし今キミが使っている問題集が客観形式であっても、その本を論述形式で使うことが可能である。つまり、選択肢の部分を紙で隠し、設問の答をまず自分で考えて書き、その後に自分の書いた文章と選択肢を比較してみるのだ。ほとんど同じことを言っている選択肢があればよいが、そんなことはあまりないだろう。その時は選択肢を1つ1つチェックしていくわけだが、ここで1つ非常に大切なことがある。それは〝理由づけ〟だ（参考書はP.168～169）。

〝理由づけ〟とは、この選択肢がなぜ正しいのかorなぜ間違っているのか、その理由を文章で書く、ということだ。たとえば「本文の何行目と同じことを言っているので正しい」とか、「この選択肢のこの部分が、本文のここと矛盾している（または言いすぎ、言い足りない、本文中に書いてない）から誤り」という具合に。これはやってみるとなかなか難しく、面倒くさい。しかし、このような〝理由づけ〟をやらないと、現代文の実力はＵＰしない。現代文のできる人は、無意識のうちに頭の中でこのような思考経路を使って問題を解いているので、そのやり方をマネしようというわけだ。一方、現代文が苦手な人は、「何となくおかしい」とか「大体いいみたいだ」などとフィーリングで解いている。こんなやり方では、いつまでたっても実力はつかないゾ！

受験勉強の〝初期〟の段階では、制限時間を気にせず、完全に納得がいくまで考えることが大切だ。いくら時間をかけても、必ずそれに見合った効果がある。この点が数学の勉強法と最も異なるところである（現代文は左脳の前頭葉と言語野、数学は海馬と側頭葉を使う）。

問題文を要約する作業は、筆者の主張を把握する訓練になるから、読解力の向上に役立つ。「現代文のトレーニング　記述編」（Z会）は、全部の問題に要約文がついているので、この本を利用すればよい（パラグラフ・リーディングはP.82〜84を参照）。

受験現代文は高校現代文とは別モノである。つまり、高校で現代文ができなくても、受験現代文で良い点数を取ることは可能なのだ。高校教育では生徒の個性を伸ばすために、「キミはどう思うか」などと個人的な感想を聞く。だから、答え方もいろいろである。しかし受験現代文では、答がいくつもあったら試験にならない。受験現代文の正解は1つしかない。――つまり数学と同じだ。しかも、正解であることを客観的に示す根拠が、必ず本文中にある。というのは、入試問題は公表されるので、あとからイチャモンをつけられないために、本文中に根拠が書いてあることしか出題できないのだ。この結果、入試問題のほとんどが論理的な文章（つまり評論文）にかたよることになる（参考書はP.168〜169）。

評論文に対しては記号読解が有効である（もちろん万能ではないが）。何となくこうだろう、などとフィーリングで解いては絶対にダメだ。本文中に書かれていないことを、自分の頭で勝手

国語

に想像して答にするのは、もっと悪い。解答には必ず根拠が必要なのだ。多くの大学では、**評論文：小説**の出題比率が４：１前後である。だったら、問題演習も４問：１問の比率でやらなければダメだ（ただし、過去３年間に小説が出ていない大学の場合は、小説の勉強は必要ない）。ところが私大の文学部や女子大の中には、１：１の比率で出題してくるところがある。この場合は、問題演習も当然１：１の比率でやるわけだ。

評論文は文章自体は難しいが、答が必ず本文中に書かれているので、設問に答えることはそれほど難しくない。逆に小説は、文章は簡単だが、言外の意味を汲み取らねばならないので、答を出すのが難しい。つまり評論文と小説は、文章の難易度と問題の難易度が一致しないのだ。だから、キミの〝評論文問題の得点力〟と〝小説問題の得点力〟を必ず計算しておかねばならない。もしも小説の得点力が低ければ、小説重視の大学には合格できない（参考書はP.169）。

英文読解や古文の試験の時は、本文を読む前に設問に目を通した方がトクをするが、現代文に関しては事情が多少異なる。論述形式の設問は先に読んでもかまわないが、客観形式の場合は、選択肢の内容までは読まない方がよい。たとえば、「下線部は何を意味しているか。以下の選択肢（１）～（５）の中から選べ」とあったら、下線部の答をまず自分の頭で考えてから、（１）～（５）を見るようにするのだ。なぜこうするのかというと、英語や古文と違って、現代文の選択肢はニュアンスが非常に微妙であるため（特に難関大学）、先に選択肢を読んでしまうと、変な先入観にとらわれて、かえって惑わされるからである。

以上が、現代文の苦手克服のための〝積極的方法〟である。次に、〝消極的方法〟について述べよう。その1つは、古文・漢文の配点が高い大学を受験することである。なぜなら、古文・漢文は暗記の要素が強いので、現代文よりもはるかに点数が上がりやすいからだ。もう1つの方法は、「小論文型」の大学を受験することである。小論文はキミが考えているほど難しくない。要領さえつかめば、あっという間に点数が伸びるものだ（詳細はP.119〜121）。

古文・漢文の勉強法のポイント

古文の苦手な人は、例外なく文法と単語の知識がない。だから、まずこの2つをガッチリ固めることだ。文法は①助動詞、②敬語、③語の識別がポイントである。この①②③は、古文読解の設問にも関連するのでしっかり勉強しよう。

古文の配点が少ないことを考慮しても、古文単語は600語覚えておく必要がある。受験生の中には「古文単語は230語でいい」と言うヤツがいるが、こんなバカなことを信じてはいけない。そういうヤツは頭が非常にいいので、知らない単語があっても文脈から類推してしまうのだ。キミたちは、こんなヤツらのマネをしてはいけない。それに、実際600語を暗記して試験を受けにくる受験生がかなりいるわけだから、たった230語で太刀打ちできるわけがない。

国語

単語は①形容詞、②古今異義語、③多義語がポイントだ。単語がなかなか覚えられない人は、CD付きの本を使うか、「ゴロ合わせ本」を利用するとよい。日本史の場合、有名なゴロ合わせに「鳴くよウグイス平安京」がある。このように、関係ないもの（794と平安京）を無理に関連づけることを、脳科学では〝精緻化（せいちか）〟という（参考書はP.171）。

古文を得点源にしたい人は、構文を勉強すること。英語と同様に、古文にも構文があるのだ。品詞に重点が置かれている文法書と違って、構文の本はもっと広い視野で文章を分析していく。古文は主語が省略されており、会話部分のカギカッコもなく、文章がダラダラと長く続く傾向があるので、構文の知識があると読解力がグンと増す（参考書はP.171）。

読解演習の問題集をやる時は、第1ページから順番にやっていくのでは絶対にダメだ。問題には必ず出典が書いてあるので、志望校に出そうな出典からの問題だけをやるべきである。ボクはこの方法で、東大の古文を4割以上も的中させた（2年間の合計で、2次試験は3題中2題的中、東大の1次試験は4題中1題的中）。これだけ当たれば、もう偶然では済まされない。

志望校に出そうな出典の現代語訳を読んでおけと前に言ったが、大学によっては過去問のストックが少ないために出題傾向がつかみにくいところもあるはずだ。そういう人のために、ボクが作った〝的中古文ランキング表〟を載せておこう。

1位　源氏物語　　2位　枕草子　　3位　大鏡

4位　徒然草　5位　平家物語　6位　宇治拾遺物語
7位　古今著聞集　8位　伊勢物語　9位　更級日記　10位　大和物語

出題頻度が多くても、文章が平易なら、高得点を取れる。一方、出題頻度が少なくても、文章が難解なら、高得点は無理だ。このような考えから、ボクの作ったランキング表は「出題頻度」+「難易度」の総合評価によって順位をつけた（参考書はP.173）。

漢文は句法を覚えておけば、平均点くらいは取れるはずだ。特に、混同しやすい句法に注意すること（たとえば部分否定と全部否定）。なお、漢文で暗記すべき「漢字」と「単語」は100個くらいしかない（たいてい参考書のどこか片すみに載っている）。漢文単語集を持っていないヤツが多いが、問題演習の時には必ず併用すること。

記述式問題を出す大学を受ける人は、採点基準やダメな答案例が載っている本を使おう。たとえば、「得点奪取―漢文記述対策」（河合出版）だ（参考書はP.174）。

小論文の苦手克服法――それは暗記だ!?

ハッキリ言っておこう。「小論文が苦手だ」というのは、キミの思いすごしだ。キミは今までに小論文をどのくらい書いたかを思い出してほしい。もしも10回も20回も書いて、いつも0点だというのなら、なるほど確かに苦手だ。しかし、おそらくキミは、ほとんど小論文を書いたこと

国語

がないんじゃないのか？　書いたこともないようなヤツに、「苦手だ」などという資格はない！

英語や数学は中1からの積み重ねだから、高3になると、できるヤツとできないヤツとの差はかなり大きくなっている。だが、小論文という科目は中学・高校にはない。つまり、頭の良いヤツも悪いヤツも、小論文に関してはスタートラインは同じなのだ。

現代文と比較して小論文の有利な点は、正解が決まっていないことだ。だから、自分の得意なパターンに持ち込んで勝負することができる（＝海馬・側頭葉を使えるので、小論文が有利）。ところが現代文は、決められた答と違うことを書くと点数がもらえない。つまり、現代文が苦手な人は、小論文で受験した方がずっとトクなのである（参考書はP.174～176）。

小論文の勉強のために読書をするヤツがいるが、小論文対策に読書は必要ない。時間のムダだ。それに、普通の本は1つのテーマについておよそ数万字で書かれており、数百字以内でまとめる小論文の参考にはならない。読書をするくらいなら、小論文の参考書の問題文や模範解答文を多読する（もちろん重要な部分にはアンダーラインを引く）方がはるかに実戦的だ。

文才がないからといって小論文を敬遠してしまう受験生がいるが、小論文では文章の上手下手は点数にあまり影響しない。そんなことよりも、〝知識〟の有無の方がずっと重要なのだ。小論文のテーマとして頻出する政治・経済や現代社会に関する知識を、いかに多く〝書くネタ〟として暗記しているかで勝負が決まる。何度も繰り返すが、小論文は暗記科目なのだ。

〝課題作文型〟小論文では、模範文例集の暗記が非常に役に立つ。たとえば「読むだけ小論文」(学研プラス)などがオススメである。もちろん、一字一句完璧に暗記する必要は全然ない。何度も繰り返して読めば十分だ(特に〝筆者の意見〟に注目すること)。何度も読んでいるうちに、良い文章を書くコツが次第にわかってくる。また、暗記したものとまったく同じ問題が出ることもあるはずだ。たとえば「私の愛読書」という問題が出題されたら、暗記した文章をそのまま書いてしまえばいいのだ。どうせ採点者は、マネして書いたことに気づくわけがない。本当にキミが読んだ本を題材にして、下手クソな小論文を書くようなバカげたことをしてはダメだ。バカ正直なヤツは、必ず入試に落ちる(参考書はP.175〜176)。

〝感想文型〟小論文では、「与えられた文章をまず要約してから、それに対する感想を書け」という問題が多い。だから、要約専門の参考書を1冊やっておく必要がある。「現代文のトレーニング　記述編」(Z会)をすすめておく。

小論文の〝実戦演習〟には、参考書は役に立たない。通信添削を利用するか、高校の先生に見てもらう方がよい。生徒が「勉強を教えてほしい」と言うのに、それを断るような先生はいないはずだ。しかし、小論文ならば何でもかんでも国語の先生に見てもらうのはよくない。政治・経済や現代社会に関する課題作文であれば、その科目の先生に見てもらった方が内容が深い文章になる(もし国語の先生に見てもらうと、文章は上手になるが内容はイマイチ)。

小論文の㊙テクニック

起承転結で書け——そんなくだらないことを書くつもりなどない！　こんなことなら、どの本にも書いてある。もっと実戦的な作戦をキミにさずけよう。

■「強烈パンチ」作戦

似たような文章ばかり採点していてうんざりしている出題者に、強烈な印象の小論文をぶつけてやろう！　その作戦だが、やはり何といっても、一つの文章は短めの方が強くひびく。短文をたたみかけて、パンチをきかせるのだ。文末は、「……だ」「……である」と断定調にすること。です・ます調や「……と思う」などでは弱い。あるいは、「これこそまさに」「実に……だ」などの強調語を使うのもよい。英語と同様に、日本語でも強調構文を使うのだ。

採点者に与える〝第一印象〟を良くするために、冒頭の2～3行は特に気をつけること。「……と言われているが、果たしてそれは正しいといえるか？」などと疑問を投げかけて、採点者にも考えさせたのち、自分のペースに強引に引きずりこんでしまうのがよい。また、名言やことわざを冒頭に引用する方法もかなり効き目がある。しかし、ピッタリ合うものが見つかることは少ない。一方、客観的な事実や自分の体験で書き始めると、ありきたりの答案になってしまうので、なるべく避けた方がよい。

最後の2～3行は、しっかりとした結論を書くこと。なぜなら、採点者は答案の言いたいことを把握するために、答案の冒頭と最後を真っ先に読むことが多いからだ。ここだけ見れば、中間部分をわざわざ読むだけの価値がある答案かどうかをすぐに見破ってしまうのだ。

■「○○と××」「○○は……か？」作戦

与えられたテーマについてダラダラと書いていっても、収拾がつかなくなるのは目に見えている。だから、自分が書きやすいようにテーマを変形してしまえばいいのだ。一例を挙げよう。「人類」というタイトルが与えられたとする。これを勝手に「人類と○○」という内容の文章にすりかえればよいのだ。その際、文学部なら「人類と文明」。医学部ならば「人類と生命」、工学部は「人類と公害」というように、必ず志望学部と関連のある内容を書くことが大切である。もう一つ、例を挙げる。「高齢者」というタイトルであれば、「高齢者と青年」というように対立語を挙げ、両者を比較して論じていくと書きやすい。

自分で勝手に疑問文を作って、それに対する意見を書くのも利口なやり方だ。たとえば、「○○について」というタイトルに対しては「○○の問題点は？」「○○の理想像は？」などとやり、「AとB」というタイトルならば「AとBはどちらが大切か？」「AはBに必要か？」などとするわけだ。なお「AとB」という問題の場合、出題者はAに重点を置いた答案を期待している。なぜなら、もしもBを重視しているなら、「BとA」という問題の出し方をするはずだ。

国語

■「ウソつき」作戦

抽象的な文章ばかりダラダラ書くよりも、自分の体験などの具体例を挿入した方が説得力のある小論文になる。その場合、本当にあった事実しか書かないのはバカげている。点数を稼ぐために答案を書くのだから、小論文の文脈にピッタリ合うような具体例をデッチ上げてしまうのが賢いやり方だ。たとえば映画やテレビドラマで見たことをあたかも自分の経験のように書いたり、「以前に読んだ本に……と書いてあった」などと架空の本の内容を引用するのもよい。

「○○について考えをのべよ」という場合も、自分の貧弱な考えをバカ正直に書いたのでは、内容の全くない文章ができあがってしまう。それよりも、暗記した模範文例集や過去問に同じようなテーマのものがあれば、その筆者の考えをあたかも自分で考えたことのように書けばいいのだ。そうすれば、立派な答案が書ける。

■「名文を書くな!?」作戦

小論文では、文体に凝った上手な文章を書く必要は全然ない。スジが通っていてわかりやすければ、それでよい。ここでは、いくつかの注意すべきポイントを挙げておく。

文末が単調になると読んでいてアキアキしてくるので、適当に変化を持たせることが大切だ。「……である。……である。……である。」などと連発したのでは、採点者が大アクビをすること間違いなし。こういう時は、「……であろうか。……である。……に違いない。……のだ。」というように文末に変化を持たせるのだ。

「……であるが、……」という言い方はあいまいなので避けた方がよい。逆接の他に、順接・並列・添加にも使われる言い方なので、論理の流れが不明瞭になる。こういう場合は、「……である。」と一旦文章を切り、次の文の冒頭に接続詞をくっつけるとわかりやすい文脈になる。

〝感想文型〟や〝資料型〟の場合、いきなり自分の考えを書き始めてはいけない。最初に、与えられた文章や資料の言おうとしていることを簡潔にまとめ、次に、それに対する自分の意見を書くのだ。もしキミが他の人とは違った受け取り方をしていたり、一部分にしか着目していない場合でも、このルールを守ってさえいれば大丈夫だ。

最後に、やや高級なテクニックに触れておこう。それは、最初に一般的な意見を書き、次にそれを否定することによって自分の主張を強調するというやり方だ。一例を挙げると、「一般的には……と考えられている。その具体例が……である。たしかにそれも一理あるだろう。しかし、本当にそれは正しいのだろうか。むしろ私は……（反対意見）……と考えている。その理由は……である。」というような論法だ。現代文の入試問題にこういう論理構成の文章が多いことからもわかるように、このテクニックはプロの評論家が好んで使う方法なのである。小論文にかなり自信のある人は、一度試してみるとよい。

国語

理科

物理はアテにならない科目だ　化学は覚えることが多い
生物は非常にトクな科目だ　地学選択に泣き所がある

物理は暗記だ!?

物理は満点が可能な科目だ。しかし一歩間違うと本番で点数があまり取れない危険も大きい(その理由は、問題数が少ない、運悪く解法を思いつかない、計算ミスなど)ので、アテにならない。

では、どうすればいいのか?　それは、確実に80点以上取れる自信があるなら物理を選択し、その自信がない場合には生物を選択すればいいのだ。生物は満点は無理だが、一通り勉強すれば最悪でも70点は稼げるので、本番で最も安定した力を発揮できる科目である。(P.130を参照)

理系の受験生の多くは、暗記が嫌いだから物理を選択する。だが、こういう腐った根性では一流大学は絶対無理だとハッキリ言っておこう。なぜなら、物理は暗記科目だからだ。問題を自分の頭で考えながら次々解いていくなどというバカげた勉強法では、決して実力はつかない。物理が得意になるヒケツは、「どういう物理現象にはどの公式を当てはめるか」という解法パターンを〝数多く〟暗記することである。しかも暗記すべき量は、生物と同じくらいあるのだ。それでもキミは物理を選択するのか?

では、物理にこだわる受験生のために、勉強法のフローチャートを示そう。

教科書無視→橋渡し本→暗記本＋辞書→演習本　（参考書はP.177〜179）

まず教科書――こんなものはゴミ箱に捨ててしまえ。ヘリクツばかり書いてあり、問題を解くのに役に立たない。同様の理由で、駿台文庫の「新・物理入門」や「新・物理入門問題演習」も捨てた方がよい。これらの本で物理を〝学問〟として理解したところで、点数がUPするはずがない。「微積を使ってこの公式を導け」などという問題が入試に出るわけがないのだ。微積を全く使わないで東大理Ⅲを突破したボクが言うのだから、間違いない。

物理は教科書と入試問題とのギャップが大きい。その差をうめるための基礎的な問題集が〝橋渡し本〟だ。たとえば、「セミナー物理」（第一学習社）などがこれにあたる。物理現象と、それに適用される公式とを〝ワンセット〟にして覚えていこう（参考書はP.177）。

その次は、典型的な入試問題の解法パターンを暗記していくのだ。〝暗記本〟としては、「橋元流　解法の大原則」（学研プラス）が一番良い。勉強法は、3分間考えてやり方がわからなかったら、すぐに答を見て解き方を覚えてしまうことだ。そして理解しにくいところを調べるための〝辞書〟として、「物理教室」（河合出版）を使うとよい（参考書はP.177〜178）。

中堅大学ならここまででいいが、一流大学志望者は、「難問題の系統とその解き方」（ニュートンプレス）などの高レベルの〝演習本〟をやること。その勉強法は、5分間考えてわからなかっ

た問題は、前述の３Ｗ１Ｈ法で軌道修正していく（P.100〜102を参照）。ほとんどの大学は、

力学と電磁気の配点が高いので、これらの分野に勉強時間の８割を当てるべきである。もう一つ大切なことは、分野別にキミの得点力を計算することだ。つまり、力学は物理の中で一番難しいので、他の分野に比べると得点力が落ちることが多い。配点が高い分野の得点力が低い――これは致命的だ。もし力学の得点力が低ければ、力学の勉強時間を増やすべきである（たとえば力学：電磁気：波動＝５：３：２）。そして、得点力が力学＝電磁気＞波動の順序になっていれば、総合点で最大値が取れるのだ。

化学は一番損な科目だ

化学を選択したヤツは非常にマヌケである。というのは、物理と違って満点が不可能だし、生物よりも覚えることが多いからだ。その上、化学の受験生は頭の良いヤツが多いから、問題を難しくしないと、生物や地学の平均点とのバランスが取れなくなってしまうのだ。もし、キミの化学の偏差値が50以下で、受験まであと半年あるのなら、生物に変えたまえ。

マヌケな受験生の中には、駿台文庫の「新理系の化学」などを使って化学を理論的に勉強しているヤツがいるが、そんな勉強法はムダである。たしかに〝学問〟としての化学は理論が重要だが、〝受験化学〟の点数は暗記した量に正比例するのだ。だから、理論的に理解していても、全く点

数は上がらない。もし理論的なことを知っていた方が暗記の手助けになるというのであれば、本に書いてある理論で納得するよりも、自分で強引に考え出した〝こじつけ〟や〝ゴロ合わせ〟を利用した方がはるかに覚えやすい（脳科学では、ゴロ合わせを〝精緻化〟とよぶ）。もし仮に「なぜこうなるのか理解できない」という疑問が生じても、「なぜだか知らないが、とにかくこういうものなのだ」と素直に受けとめて暗記することが点数に直結する。

化学の勉強順序は、最初に理論化学を入試レベルまで引き上げてから、その次に暗記分野（有機・無機化学）を詰め込むのが原則だ。その理由は前述した（P.64〜65を参照）。なお、教科書や参考書では有機と無機のページ数は同じくらいだが、有機化学の配点が高い大学が多いので、勉強時間の比率は有機：無機＝2：1にするとよい。具体的に言うと、化学の全範囲にわたる参考書以外に、有機化学専用の本を1冊やること（参考書はP.180）。

問題集をやる時には、自分の弱点分野の演習量を多めにすることが大切。一般的に、暗記が嫌いなヤツや現役生は暗記分野（有機・無機）が弱く、大学入学共通テストだけでよい文系は理論化学が苦手なことが多い。なお、理論分野よりも暗記分野の方が、勉強時間の割に点数が伸びやすいので、勉強計画を立てる時は、その点に注意しよう（参考書はP.180〜181）。

化学の試験の時に問題を解く順序は、暗記分野→理論分野とすること。つまり、受験勉強の時と逆の順序にするのだ。その理由は、英語の場合と同様である（P.73を参照）。

理科

生物の問題は小学生レベル

生物は非常にトクである。問題は簡単だし、覚えることもそれほど多くない。たとえ小学生でも、その気になれば必ず合格点を取れる科目だ。

だが、注意すべきことが1つある。それは、医学部の中には、生物の問題が難しく、物理や化学の方が簡単な大学があるということだ。物理・化学は医者になってからは何の役にも立たない科目なので、入試問題が甘くなる傾向があるのだ。

生物の勉強法のフローチャートは、典型的な3段階ステップ・フィードバック方式（教科書→参考書→問題演習）だ。最初に教科書を読み、生物の要点を押さえていく。ただし、教科書には実験や図表の説明が不足しているので、必ず教科書ガイドの解説を読んでおくこと。次に参考書を使って、教科書の知識に肉付けをしていく。また、志望校の赤本を見て、過去問に出たところは参考書にアンダーラインを引いておくと、志望校の出題傾向が実感としてつかめてくるので、必ず実行すること。問は棒線（——）、答は波線（〰〰）で引くとよいだろう。参考書が再認可能レベル（P.59〜60を参照）までいったら、問題演習に取りかかる。そして、1問解くたびに必ず参考書にフィードバックしていけば、次第に記憶が定着していくのだ。

生物の問題形式には4種類ある。つまり、①穴ウメなどの知識問題、②論述問題、③実験の考察問題、④計算問題だ。①②は文系的、③④は理系的問題であり、標準的な配点比率は6：1：2：1だ。問題集をやる時には、この①②③④のうち、自分の苦手な出題形式の演習量を増やすことが大切である（参考書はP.182〜183）。

①〜④について、コメントを少し加えておこう。①穴ウメ問題は、暗記しさえすれば誰でもできるので、ここで確実に点数を稼ぐこと。②論述問題といっても文章の上手下手を見るのではなく、必要なキーワードが落ちていなければそれでよい。だから、穴ウメ問題と本質的にはあまり変わらないといえる。重要語句を簡潔な文章でマトメられるようにするには、「用語集」を活用すればよい。③実験の考察問題は、常識的なものの考え方をする人間なら合格点を取れるはずだが、多少差がつく分野なので、力を入れた方がいい。その際のコツだが、生物実験の勉強をする時には、目的・材料・方法・結果・考察の5点に着目すること。というのは、大学教授が実験の論文を書く時には、右記の5項目に沿って書くのがルールになっているので、キミも同様の視点から生物実験を眺めるわけだ。④計算問題は小学生レベルなので、特に問題はなかろう。

地学はクセのある科目だ

地学は覚えることが少なくてすむ反面、受験できる大学が限られてしまうという短所がある。以下に、地学で受験できる大学を列挙しておこう（国公立大学は2次試験を地学で受験できるものを選んだ)。

国公立大……東大、京大、北大、東北大、筑波大、千葉大、名大、神戸大、岡山大、広島大、九州大、その他多数

私　大……個別試験：早稲田(教育)、福岡大(理)、日大(文理)、立正大(地球)

地学は大別すると、「天文」「地球物理」「大気」「地質」「岩石鉱物」の5分野に分類される。しかし、大学によって出題分野に非常に偏りがあるので、それに合った勉強が必要となる。「地質」と「岩石鉱物」は単純暗記分野であるが、「天文」と「地球物理」では物理のような計算問題が出題される。その結果、これら2つの分野の得点力が落ちやすいので、計算問題を多めにこなしておくことが大切である。地学は良い参考書や問題集が少ないが、大学入学共通テストの過去問に良問が多いので、私大志望者も必ずやること。(参考書はP.183~184)

地歴・公民

世界史を選択したキミは要領が悪い
日本史の年号は下2ケタだけ覚えよう
地理は損な科目だ　政経で受験するのが一番得だ

世界史は選択するな

キミは要領が悪い！　世界史は覚えることが非常に多いので、地歴・公民の中で一番損な科目だ。暗記すべき量を数字で表すと、世界史：日本史：地理：政経：倫理：現代社会＝10：9：7：5：3：3という比率になる（P.29〜30を参照）。暗記するのは、脳の中の〝海馬〟という部分だが、1日に暗記できる分量には「限界」がある。世界史は、地歴・公民の中で暗記量が一番多いので、海馬にとって非常に負担になるのだ。

志望校の赤本をもう一度調べて、今からでも他の科目に変更した方がトクかどうかを、よく検討すべきである。もしキミの世界史の偏差値が50以下で、入試まで半年以上あれば、今からでも政経か数IAに変更したまえ（P.31を参照）。

それでも世界史を選ぶというキミに、最も効率のいい勉強法をフローチャートで示そう（なお、日本史の場合は、フローチャートの中の〝地図〟を〝史料集〟に変えればよい）。

マンガ本→赤本→ヨコの歴史（教科書の太字→本文→欄外）＋お助け本→※
※→タテの歴史＋地図→問題集＋用語集→一問一答→総復習
　　　　　　　　　　→流れ本→問題集＋辞書→総復習

いきなり教科書をやってはいけない。なかなか頭に入らないし、歴史の流れもわかりにくいからだ。まず最初は、世界史の全体像をつかむために、マンガ本を読むこと。これによって、右脳と左脳に記憶の中心となる核が形成される（右脳記憶法はP.62を参照）。

次は赤本を使って、勉強戦略を立てる。つまり、時代別、地域別、部門別に見て、それぞれの中ではどの分野からの出題が多いかを調べるのだ。たとえば時代別史で、〝古代・中世〟と〝近代・現代〟の出題頻度が3：7であれば、勉強時間も同じ比率（3：7）にしなければならない。地域別史では、西欧と中国が頻出する大学が多いが、その他に今年新聞をにぎわせた国の歴史が出題されやすいことも注意しておこう（赤本はP.39～40を参照）。

分野別チェックの次は、難易度のチェックだ。過去問に出たところは、教科書にアンダーラインを引くこと。問は棒線（――）、答は波線（〰〰）で引くとわかりやすい。このアンダーラインが、①太字、②太字以外の本文、③欄外と図表、④教科書に載っていない、のどこに多いかによって、難易度が実感としてわかるし、教科書を読む時の比重の置き方も変わってくる。太字だけで合格できる大学は少なく、太字周辺の本文から出題される大学が多いはずだ。

以上のことを終えてから、教科書の暗記を開始すること。教科書は、「太字のみ↓本文全体↓本文の復習と欄外」という順序で〝雪ダルマ式〟に知識を増やしていくのがポイント。いきなり全部を暗記するよりも、雪ダルマ式に暗記する方が、〝海馬〟にとってはラクなのだ。一方、論述対策としては、歴史的事件の〝原因・背景〟と〝結果・影響〟に関する記述に注意して読むことが大切だ。このような記述は、小見出しの終わりの方で太字が全く使われていない部分に書かれていることが多い（参考書はP.185）。

教科書の暗記を楽にするのが、〝お助け本〟だ。たとえば「書きこみ教科書」（山川出版社）があると、チェックペンで色を塗る時間が省ける。私大志望者で、教科書のような文章体よりも箇条書きの方が覚えやすいという人は、「サブノート」を併用するとよい（手で書くと、暗記しやすくなる）。年代の暗記には「ゴロ合わせ本」が便利（参考書はP.186）。

教科書でヨコの歴史（時代別史）を勉強したら、次はタテの歴史（各国別史・部門史）に関する参考書を使う。頭の中を整理するのが目的だから、比較的薄い本でザッとやるのがポイント。受験生の中には、ぶ厚い本でタテの歴史を勉強しているヤツがいるが、そんなやり方をすると、歴史の流れがつかめなくなるので、絶対にダメだ（参考書はP.186～187）。

キミが今持っている世界史地図帳は、どこが試験に出るのか全然わからないので、受験には何の役にも立たない。こんなものは、すぐにゴミ箱に捨ててしまえ。試験に出るポイントにしぼった地図帳を、あとでキミに紹介しよう（参考書はP.187）。

ここから先は、客観問題コース（P.134のフローチャートの右の流れ）と論述問題コース（フローチャート左の流れ）に分かれる。前者が私大向け、後者が国公立大向け。まず、

客観問題コースであるが、問題演習によって、再認可能レベルの知識（P.59〜60を参照）をしっかりと定着させるのだ。ここで1つ注意しておくが、たとえ誤文訂正が出題される大学を受験する場合でも、正誤問題集は絶対にやってはダメだ。というのは、何度も誤文を読んで考えているうちに、大脳が誤った記述をそのまま記憶してしまうからだ。

用語集は、問題演習と並行して使うとよい。知らない用語はもちろん、知っている用語も面倒がらずに用語集で確認すること。それによって知識の〝雪ダルマ〟がさらに大きくなっていく。

一問一答は、知識の漏れがないかを確認するために、一番最後に使うのがベストだ。受験生の中には、教科書をやった後にすぐ一問一答を使うヤツがいるが、そういうやり方はよくない。なぜかというと、一問一答は断片的な知識しか得られないので、受験勉強の初期に使うと歴史を立体的に把握することができなくなるからだ（参考書はP.187〜188）。次に、

論述問題コースについて述べよう。〝流れ本〟というのは、歴史の流れ——つまり、史実の

〝原因・背景〟と〝結果・影響〟に重点を置いた参考書のことだ。たとえば、「はじめる世界史要点&演習」（Z会）などがオススメである（流れ本はP.188）。

流れ本を読んだら、論述問題集をやるのだ。その使用法であるが、時間のない人は、スグに答を見て覚えてしまうのがよい。だが、解答の文章を丸ごと全部覚えようとしても、そう簡単に暗記できるものではない。それよりも、解答に必要なキーワードや、解答の論旨のポイントにアンダーラインを引き、ここを中心に覚えていくのがコツだ（参考書はP.188〜189）。

時間のある人は、自分で答を書いてみよう。論述の原則は5W1H1R（When、Who、Where、What、Why、How、Result）である。しかし、この原則はすべての問題に当てはまるわけではなく、字数制限もあるので、5W1H1Rの中から重要なものを選んで書くことになる。

ここで注意しておきたいのは、大学が要求する解答と受験生の答案とのギャップである。たとえば「○○戦争について説明せよ」という問題が出題されると、受験生の中には「いつ、どこで何が起こって、それから誰が何をして……」などと〝事実の羅列〟で制限字数を埋め、自己満足をしているバカが非常に多い。ところが大学側が欲しがっている答案というのは、「この戦争がなぜ（Why）起こったのか、その社会的背景は何か？　この戦争の結果（Result）、歴史にどういう影響があったのか？」という〝歴史の流れ〟なのだ。大学の教授・准教授は、このような視点から歴史を見ているので、そのような答案だと高得点を取れる。

地歴・公民

論述問題集をやるときには、「詳説世界史研究」（山川出版社）などの論述辞典として使える参考書を必ず手元に置いておき、疑問点を解決するために使うこと（参考書はP.189）。

頻出用語を簡潔な文章でマトメられるようにしておくことも大切だ。これには用語集を活用するといい。しかし客観コースと違って、山川出版社の用語集のような詳しい本は必要ない。ところで、「知識としては知っていても、要領よく文章で説明できるとは限らない」ということに気づいていない受験生が多いが、キミは大丈夫か？

日本史――「山県有朋」は「やまけん」と読む!?

日本史の勉強法は世界史とほとんど同じなので、まずは世界史のところを読んでほしい。以下に日本史特有の勉強法について述べる（参考書はP.189〜193）。

フローチャートは世界史とほぼ同じだが、1カ所だけ違う点がある。それは〝地図〟を〝史料集〟に変えることだ。世界史と違って日本史は史料問題が頻出し、しかも史料の内容をあらかじめ知っていないと解けない問題が多い（史料集はP.191）。

日本史の年号は、下2ケタだけ覚えれば十分だ。初めのうちは不安かもしれないが、歴史の流れが頭に入ってくれば、何世紀の出来事かは自然にわかってくるものだ。もし受験間際になって100年も勘違いしているようであれば、勉強不足もいいところだ。そういう人は、今度の入試はあきらめた方がよい。だが、下2ケタではどうしても不安な人は、百の位が偶数の年号だけ下3ケタを覚えるようにすればよいだろう（年号はP.190）。

さて、ここで問題を出してみよう。①「山県有朋」は何と読むか？　②「歎異抄」と「難異沙」とで正しいのはどちらか？　①は記述式テストの大学、②はマークシート式の大学の志望者にやってもらいたい。正解（①やまがたありとも、②前者）がわかった人は、よく勉強している――と言いたいところだが、そういうバカ正直な勉強法では一流大学には合格できない！

それはなぜか？　記述式テストの場合は、漢字が正しく書けなければ点数がもらえない。読み方は知っているからといって、ひらがなで書いても減点される。現代文ならば、漢字の書き取りと読み取りの出題比率は3：1だ。ところが日本史の漢字の場合は、この比率が999：1になってしまう。だから、正しい読み方を苦労して覚えても、全くムダである。それよりも、正しい漢字が書けるように、自分に都合のいい読み方をして覚える方が、よっぽど要領がいい。「山県有朋」だったら、素直に「やまけん……」と読むわけだ。エラそうに、「やまがた」などと覚えているヤツに限って、「山形」「山具」などと珍解答をするハメになる。

マークシート式の私大なら、漢字を書けなくても、読めなくてもよい。「大体こんな字だったかなあ」という程度で十分だ。最後に、さっきの問題の〝模範〟解答を示しておく。①やまけんありつきつき、②どちらでもかまわない。

地歴・公民

地理に高校の地図帳は必要ない!?

地理は損な科目だ。なぜかというと、覚えることがそれほど少なくない割に、２次試験を地理で受験できる大学が限られてしまうからである。

地理――と言えば地図帳であるが、高校からもらった地図帳は、受験には全く役立たない。どこが試験に出るのか全然わからないし、統計も入試の頃には古くなってしまうからだ。こんな本はすぐにゴミ箱に捨ててしまえ。高校の地図帳の内容を大別すると、①地名地図、②産業地図、③統計となるわけだが、このそれぞれに関して的を射た参考書をあとで紹介しよう。

教科書や参考書は、「系統地理→世界地誌」という順序で書かれているが、逆の順序で勉強した方がよい。というのは、系統地理ではいろいろな国があっちこっちに散在して出てくるので、非常に頭に入りにくいからだ。それよりも、個々の国の特色を最初に頭に入れてから、これらを系統地理というパイプでつなげていくのだ（参考書はP.194～196）。

系統地理や地誌の中で出題されやすい分野、地域は大学によってクセがあるので、その部分を重点的に勉強することは言うまでもない。しかし、大学入学共通テストはすべての分野から均等に出題されるので、ヤマを張ることは少し難しい。

なお、大学によっては、時事的な問題が出ることもある。しかし、時事問題対策のために新聞を読んではいけない。その理由は、政経のところで述べる（P.142を参照）。

政治・経済は新聞を読むな!?／倫理は一発逆転の科目だ

政経は覚えることが少ないのでラクである反面、過去問対策だけでは手におえない部分（つまり時事問題）があることと、受験できる大学が制限されてしまうことが欠点である。だが総合的に判断すると、志望校の選択科目に政経があるなら、政経で受験するのが一番トクだ。

というわけで、試験科目に政経が入っている大学を挙げておく（国公立大は2次試験を政経で受けられる大学を選んだ）。

国公立大……東京学芸大（教育）、信州大（教育）、高崎経済大（経済）（なお一橋大は、倫理と合わせて1教科としている）

私　大……早大、明大、青山学院大、立教大、同志社大、立命館大、その他多数

では、勉強法のフローチャートを示そう。

赤本↓（教科書＋資料集）↓（参考書＋用語集＋時事問題）↓※
※↓模試問題↓一問一答↓総復習

最初に志望校の赤本を見て、政治分野と経済分野の配点比率と難易度をチェックし、この2分野の勉強時間の比率を何対何にするかを、この時期に決めてしまう。一般的に、政治学部は政治分野、経済学部は経済分野、法学部は法律分野の配点が高めである。また、①単純暗記問題、②資料問題、③時事問題、④論述問題の配点も過去問で調べておこう。

政経の概略をつかむために、まず教科書をやる。資料集は第1ページから順番に読むのではなく、今勉強している部分に関連のある資料を拾って見ていくこと。資料集の通読は、受験勉強の終盤にやればいい（参考書はP.197）。

次に、教科書で得た知識に肉付けをするために、参考書を使う。ぶ厚い参考書をザッとやるのではなく、薄めの本を確実に覚えるのがポイント。知らない用語が出てきた場合に、用語集で調べることは言うまでもないが、知っている用語についても、用語集の説明文を必ず読んでおくこと。そうすれば、知識が頭の中でうまく整理されるのだ。それに、重要事項が要領よくマトメられているので、論述対策にも有効である（参考書はP.197〜198）。

時事問題対策であるが、新聞やテレビのニュースは絶対に見てはいけない！　どこが大切なのか全然わからないし、時間のムダだ。ではどうすればよいのか？　それは「月刊　新聞ダイジェスト」（新聞ダイジェスト社）などの月刊雑誌を読むのだ。この本には、1カ月の主要な新聞記事が集められており、特に冒頭の数ページに掲載されている〝今月の重大ニュースの要約〟は、まさに大学受験向きだ（参考書はP.198）。

政経の問題演習に、古い問題集は使わない方がよい。なるべく新しい問題をやるべきである。一番良いのは、3大予備校の模試の問題を片っぱしから集めまくることだ。本番でかなり的中するだろう。論述問題（国公立大対策）は文章の上手下手を見るのではないから、必要なキーワードが落ちていなければOKだ（キーワード相互の関連や因果関係がよくわかるように書くことは言うまでもない）。一問一答（私大対策）は知識に漏れがないかを確認するのが目的なので、一番最後にやるのが正しい使い方だ（参考書はP.198～199）。

倫理は覚えることが極端に少ないかわりに、個別試験で受けられる大学がほとんどない。個別試験で倫理があるのは、筑波大や中央大の一部の学科だけだが、これらの大学を倫理で受ければ、一発逆転が可能である。

倫理のフローチャートは政経に準じるが、時事問題対策は不要だ。基礎問題集や予想問題は、河合出版から出ている。攻略本とは、頻出部分を集めた本のこと（参考書はP.199）。

地歴・公民

脳科学コラム④

●「脳科学的勉強法」と客観式・記述式

過去問が客観式か記述式かによって、脳の使う部分が異なる。客観式は問題を読むのがメインなので、脳の真横にある側頭葉の言語野（ウェルニッケ中枢）を使う。一方、記述式の答案を書く時は、脳の前方にある前頭葉の言語野（ブローカ中枢）を使うのである。つまり、志望校の問題傾向によって、言語野の勉強法が違ってくるのだ。

英語長文の中に穴ウメ問題があったとする。たとえば「…（　）up to …」だ。客観式なら、選択肢（① look ② run ③ add ④ live ⑤ stand）の中から、ウェルニッケ中枢が選べばよい。だが、記述式の場合は、これらの単語を思い出さねばならない。もしブローカ中枢だけでは無理なら、海馬や側頭葉の記憶を確かめにいくのだ。

地歴公民の問題で、鎌倉時代の「歎異抄」が正解だとする。記述式なら、ブローカ中枢が正確に「歎異抄」と書けなければダメだ。難異抄や歎異沙と書いたら0点になる。もしブローカ中枢が無理なら、海馬や側頭葉が必要だ。一方、客観式なら、ウェルニッケ中枢があいまいでも、難異抄や歎異沙と似た文字を探せば、点数が取れる。

5章

脳科学的に効果がある“秘密兵器の参考書”一挙公開

―この章を読むときの注意事項―

キミが現在使っている参考書は、みんなが使っている本と全く同じに違いない。だが、他の受験生と同じ参考書で勉強していては、ヤツらよりも良い成績を取ることは不可能だ。第一、よく売れているからといって、内容が良い本とは限らない。だから、ボクがキミのために全日本受験参考書のベストメンバーを紹介しよう。これらの本で勉強すれば、アッという間に他の受験生に逆転できることを保証する。

この章では、参考書に順位をつけた。これを見ると、無名なのに上位にランキングされている本があるだろう。これこそが、〝秘密兵器の参考書〟なのだ。逆に、キミが気に入っている参考書のうち、本書で取り上げていないものがあるかもしれない。しかし、ボクがその参考書の存在を見落としたのではない。あまり良い本ではないので、紹介しなかったのだ。

この章の参考書は、〝脳科学的に効果がある本〟ばかり。①暗記科目・暗記分野は、脳の中の「海馬（かいば）」で記憶するから、海馬が記憶しやすい本を選び、②考える科目・思考力問題は、脳の一番前の「前頭葉（ぜんとうよう）」で考えるから、前頭葉が理解しやすい本を選んだ。

①は、脳内ホルモンのβエンドルフィンが出やすく、太字・まとめ部分・本文の面白さ・レイアウト・関連事項・イラスト・図表が、海馬向き。②は、脳内ホルモンのドーパミンが出やすく、

解説文の詳しさ・わかりやすさ・論理的である・ヤル気が出るなどが、前頭葉向き。

参考書の難易度は、受験勉強の「基礎」、入試問題の「初級」、「中級」、「上級」、入試レベルを超えた「超難」の5段階に分類した。これらを参考にして、現在のキミの学力や、志望校の難易度にピッタリ合った本を選ぶように。

参考書どうしの分量を比較できるように、参考書のページ数だけでなく、問題数・用語数・例文数なども示した。なお、問題数が80＋140＝220とあれば、例題が80問、練習問題が140問で、合計問題数が220問ということを表す。これは、上下2巻にわたる参考書の場合も同様である。上巻の問題数＋下巻の問題数＝問題総数ということではないので注意！

とても良い参考書なのに、絶版になった本もあるが、アマゾンなどのインターネットでは販売している。そういう本に★印をつけたので、必ず買うこと。キミたちの中には「★印のような古い本はダメだ」と言う人もいるが、その考えは間違いだ。いくら古い本でも、脳科学的に効果が高ければ、その本は良書であり、偏差値アップにつながる。逆に、新しい本でも、脳科学的にダメなら、偏差値はアップしない。極端な例を挙げると、恐竜（≒古い本）とライオン（≒新しい本）が戦った場合、どちらが戦闘に優れているか（≒偏差値がアップするか）と同じこと。

英語の㊙参考書

（★印はネットに在庫があり、脳科学的に効果がある）

◎基礎文法→P.73～75を参照

■知識欠如型――体系的に書かれた本を使って、文法の全範囲を見直す。

☆「高校総合英語 Harmony」（いいずな書店）　基本文718　P.511　基礎～初級　3位
☆「ブレイクスルー総合英語」（美誠社）　基本文675　P.543　基礎～初級　1位
☆「デュアルスコープ総合英語」（数研出版）　基本文554　P.598　基礎～初級　2位
☆「ラーナーズ高校英語」（数研出版）　基本文366　P.479　基礎　4位

4冊とも、基本英文とその解説からなる。基本英文を中心に覚えていくのがコツである。解説部分はザッとでよい。1つの例文あたりの解説量は、「デュアル」＞「ラーナーズ」＞「ブレイク」＞「Harmony」の順だ。「Harmony」以外は、CDがついている。

■背伸び型――基礎知識が抜けているので、右記の知識欠如型と同じ本を使う。

■チンプンカンプン型――英語がわからない人に理解させるような本がよい。

☆「大岩のいちばんはじめの英文法（超基礎文法編）」（ナガセ）　P.230　基礎　1位
★「超基礎英語塾　わかりすぎる」（学研）　P.159　基礎　2位
☆「安河内の英語をはじめからていねいに」（ナガセ）　P.208　基礎～初級　3位

どの本も超基本的なことから始まって、次第にレベルが上がっていく。３冊の中では、「大岩の」が最も解説が丁寧である。「超基礎英語塾」は、文法で勉強したことを長文読解に結びつける63個の突破口が載っている。「安河内の英語を」は、授業形式なので読みやすい。ただし、付属のＣＤは文法全部を網羅していないので注意（聴けばヤル気が出る）。

■現在高１か高２で、これから英語の勉強を始める人――少し分厚めの本。

☆「総合英語 Evergreen」（いいずな書店）　基本文827　P.672　基礎〜初級

分量は多いが、入試に不要なことは書いていない。受験までかなり時間があるので、じっくり勉強すること。「チャート式　基礎からの総合英語」を学校の授業で使っている人が多いが、この本は基本例文方式ではなく、理屈中心なので使いにくいのでダメ。

■現在高３で、英語の基礎ができている人――基礎文法書をやる必要はない。

◎構文↓P.70〜71を参照

■文法の基礎ができている人――構文集（ＣＤ付き）の暗記からスタートしよう。

☆「英語構文必修101」（Ｚ会出版）　ＣＤ１枚　例文354　P.240　初級

☆「リンケージ英語構文100」（旺文社）　ＣＤ１枚　例文345　P.238　初級〜中級

☆「入試英語　最重要構文540」（南雲堂）　ＣＤ２枚　例文542　P.322　初級

書名は「101」と「100」だが、例文数はその3倍以上ある。前者の方が解説は丁寧で、文法問題つき。後者の方がややレベルが高く、1行読解問題と英作文問題つき。「540」は例文が短めで、CDに日本語訳も英文も入っているので、CDを聴くだけで覚えられる。なお、「基本英文700選」（駿台文庫）は、例文が長くて単語が難しめなので、非常に覚えにくい。「英語の構文150」（美誠社）の旧版は良書だが、改訂版はダメだ（そうとは知らずに、学校の副教材にしている先生がいる！）。

■知識欠如型――基礎文法書の基本文（P.148を参照）が構文集を兼ねているので、構文集としては、以下のような簡単な本でよい。

☆「セレクトプラス76　英語構文」（文英堂）　CD1枚　例文160　P.176　基礎～初級

■チンプンカンプン型――解説が詳しくてわかりやすい「CD付き　英語構文必修101」（Z会出版）がよい。分量的にも手頃だ。

■背伸び型――基礎文法書が終わったら、以前に使っていた構文集をもう一度やってみよう。今度は疑問点が解決しているはずだ。

■伸び悩み型――文法や構文の基礎ができている人には、次の本がよい。

☆「英語構文詳解」（駿台文庫）　CDなし　例題260　P.240　中級

今まで紹介した本は、〝知識〟としての構文集であるが、この本は英文の構造を、〝理論的〟に解説したものである。ただの整序問題集ではない！

■構文集の特徴の一覧表――英文読解・英文法・英作文のどれに最も役立つかを左の表にまとめてみた。記号は◎∨○∨△∨×の順に役立つことを示す。書名よりも実際の例文数が多いので注意。「英語構文詳解」以外の本には、CDがついている。

	読解	文法	英作	例文数	難易度	順位
英語構文必修101（Z会）	○	◎	○	354	初級	1位
リンケージ英語構文100（旺文社）	○	○	○	345	初級〜中級	2位
最重要構文540（南雲堂）	△	◎	△	542	初級	3位
英語構文詳解（駿台文庫）	○	△	△	260	中級	4位
セレクトプラス76　英語構文（文英堂）	△	○	×	160	基礎〜初級	5位
基本英文700選（駿台文庫）	△	△	×	700	中級〜上級	10位
英語の構文150（美誠社）	×	△	×	250	中級〜上級	15位

◎英文読解

↓P.78〜88を参照

■英文読解が苦手な人向けの参考書――構文集は終えたが、読解で点が取れない人

☆**「富田のビジュアル読解（構文把握編）」**（代々木ライブラリー）　126問　P.245　基礎〜初級　1位

☆**「入門英文解釈の技術70」**（桐原書店）　140問　P.216　基礎〜初級　3位

☆**「入門英文問題精講」**（旺文社）　72問　P.176　初級　2位

3冊ともCD付きで、構文を一通り勉強した人が、短い英文の構文を見つける練習をする本。つまり、単なる基礎問題集ではない。「富田（構文編）」は1～10行の英文で、図解が特色。「入門70」は三流大学の3～4行の英文で、例題（70問）だけでよい。「入門精講」は三流大学の5行の英文で、100項目の文法を復習。有名な「英文読解入門　基本はここだ」（代々木ライブラリー）は、読解というより、基礎文法書または「英語構文詳解」（駿台文庫）の代用本だ。

■精読用の参考書――普通の受験生は、ここからスタートすればいい。（P.78～80を参照）

☆**「基礎英文問題精講」**（旺文社）　80＋70＝150問　P.272　中級　5位
☆**「ポレポレ英文読解プロセス50」**（代々木ライブラリー）　50問　P.130　中級　2位
☆**「ビジュアル英文解釈　I II」**（駿台文庫）　61問　P.608　初級～上級　1位
☆**「英文熟考　上・下」**（旺文社）　CD2枚　140問　P.336　初級～上級　3位
☆**「富田の英文読解100の原則」**（大和書房）　16問　P.416　中級～上級　6位
☆**「英文解釈の技術100」**（桐原書店）　100＋100＝200問　P.248　中級～上級　4位
☆**「英文読解の透視図」**（研究社）　73問　P.236　上級　7位

まず、「基礎精講」を使う。〝文法・構文の知識〟をそのまま当てはめる読解は、この本で終了だ。次に、「ビジュアル」または「ポレポレ」を使う。両者とも、英文を読む時の頭の働かせ方、つまり〝文法・構文を考える〟読解法を学ぶための本。難関大学志望者で時間のある人は「ビジュアル」（Iが初級、IIが中級～上級）、それ以外の人は「ポレポレ」だ。

最後の4冊は、普通の参考書とは〝異なる視点で文法・構文〟を解説しているので、構文把握力がアップする。「熟考」は3行の英文。上巻（初級〜中級）の1／3、下巻（中級〜上級）の2／3は斬新なテクニックだ。付録の講義CDがとても役立つ。「富田100」は、著者独自の発想をルール化している。「技術100」は5行の英文で、難しめの構文を見抜く本。「透視図」は、構文を見極めにくく難しい（英文は難しいが、解説はイマイチ）。

■テクニック本・盲点本――ある程度英文読解を勉強した後に以下の本を使うと、さらに実力がUPするはずだ。〝伸び悩み型〟の人には特にオススメである。（P.84〜88を参照）

☆「東大生が教える　ずるいテスト術」（ダイヤモンド社）　0問　P.208　初級　3位
☆「早慶英文速解入門10講」（開拓社）　10問　P.208　初級〜中級　4位
★「マーク式英語長文解きかたの基本　読解テクニック編」（旺文社）　6問　P.190　中級　2位
★「安河内の英語　魔法の長文解法」（学研プラス）　29問　P.237　中級　1位
☆「減点されない英文解釈」（学研プラス）　40問　P.163　中級〜上級　6位
☆「英語リーディング・ブラッシュアップ」（語学春秋社）　130問　P.196　中級〜上級　5位

「ずるいテスト術」は、〝裏ワザ〟が34個。「早慶英文」は、〝速読と解法〟のテクニックが65個。「マーク式英語長文　読解テクニック編」は、英文の語順で読み下し、メモの取り方の具体例、選択肢の選び方が載っている。「安河内の魔法」は〝本文の構文〟と〝設問形式別〟のポイントが88個。「減点されない」は、〝失点を防ぐ〟コツが32個。「ブラッシュ・アップ」は、設問化されやすいポイントの総まとめ。これらの公式やポイントを〝中心〟に覚えよう。

■長文速読の実戦演習書――パラグラフ・リーディングを使って読む。(P.82〜84を参照)

☆「英語長文ハイパートレーニング ③難関編」(桐原書店) 12問 P.232 上級 5位

★「本番で勝つ 必修英語長文」(文英堂) 7問 P.239 初級〜中級 3位

☆「パラグラフ・リーディングのストラテジー①②③」(河合出版) 20問 P.531 上級 1位

★「佐藤ヒロシの英語長文【記述式】」(中経出版) 12問 P.352 中級〜上級 2位

☆「英文速読のナビゲーター」(研究社出版) 18問 P.114 中級〜上級 6位

☆「難関大突破 英語長文問題精選」(学研) 15問 P.174 上級 4位

最初に、精読と速読の中間的な「英語長文ハイパートレーニング」をやる。CDを聴きながら、スラッシュ間の固まり(英文+日本語)を、本文の語順で読み下す。次は、パラグラフ・リーディング(略してパラリー)の方法論だ。「本番で勝つ」と「ストラテジー①」は、1冊全部がパラリーの解説である。難易度はかなり違うが、テクニックやポイントの数は同じ(前者が53個、後者が54個)。その後に、パラリーの実戦演習だ。「ストラテジー②③」(各20問)と「佐藤ヒロシの英語長文記述式」(12問)がよい。「佐藤ヒロシ」の冒頭には、パラリーの要点が45ページでまとめてある。一方、「ナビゲーター」は、パラリーの説明が25ページで、問題の解説は少なめ。「難関大突破」は、要約問題が載っているのが特長だ。

■役に立たない参考書──「英文解釈教室」(研究社、超難)は、超難解な英文を文法的に徹底的に解析しただけ。まるで、英文科の大学生用の言語学の本。

■会話英語──入試問題で演習するよりも、基本例文を一通り暗記する方が有効である。

★「英会話表現問題集」(旺文社) 例文194 P.69 初級 1位
☆「英語口語表現パーフェクト演習」(プレイス)の巻末 例文286 P.20 中級~上級 3位
☆「英語口語表現パーフェクト演習」(プレイス)の第1章 例文200 P.40 初級~中級 2位

英会話の決まり文句が、「表現問題集」にはテーマ別に194個(解説なし)、「パーフェクト」の巻末に286個(解説あり)載っている。「パーフェクト」の第1章は、200個の重要な決まり文句を穴ウメ形式で覚える。なお、この本の第2章と第3章はやらなくてよい。

■時事英語・専門英語──特に医学部対策について。(P.80~81を参照)

☆「FINAL時事英語」(朝日出版社) 20テーマ P.168 上級
☆「医学部受験の読解演習」(河合出版) 30問 P.144 中級~上級
☆「医学部受験の英単語」(河合出版) 1080語 P.256 上級

「FINAL」には、時事英単語が500語も載っている。「医学部の読解」は、代表的なテーマの例題(10問)だけでよい。構文は簡単なので、赤文字の専門用語を中心に覚えよう。「医学部の英単語」を暗記するのは無理。辞書として使うこと。

■的中英文――英文を無視して、和訳だけを読むのが正しい使い方だ。（P.81を参照）

☆「ジャンル別解説　英文読解の正体」（プレイス）　12問　P.209　中級　1位

☆「〝毎年出る〟頻出英語長文」（日栄社）　30問　P.124　中級～上級　2位

☆「出る！出た！英語長文18選」（河合出版）　18問　P.291　中級～上級　3位

「毎年出る」と「英語長文18選」は的中を狙っているので、ハズレたらアウトだ。しかし、「英文読解の正体」は背景知識の暗記に重点をおいているので、まったく同じ英文が出題されなくても、内容的に的中する可能性は高い（知識があれば、英文を理解するのに役立つ）。

■大意要約の参考書――長文速読を勉強してからやること。（P.86を参照）

☆「英文解釈要約精講」（開拓社）　18＋27＝45問　P.120　中級～上級　1位

☆「英文要旨要約問題の解法」（駿台文庫）　26＋45＝71問　P.200　上級　2位

☆「ディスコースマーカー英文読解」（Z会）　22問　P.256　上級　3位

3冊ともパラグラフ・リーディングで解いているが、「解釈要約精講」が一番わかりやすい。「英文要旨要約問題」の類似品の「英語要旨大意問題演習」（駿台文庫）は、パラリーを使っていないのでダメ。「ディスコース」は、大部分が要約問題だ。

◎リスニング↓P.81～82を参照

■耳慣らし練習用――まずは、ここからスタートしよう。

☆「教科書リスニングCD」（三省堂など）　基礎　2位

☆「NHKラジオ　中学生の基礎英語2」（NHK出版）　P.120　基礎　3位

☆「リスニング力向上ブック①　高校基礎レベル」（アルク）　P.169　基礎〜初級　1位

「教科書のCD」は、中3〜高1用がちょうどいいレベルだ。NHK放送の中では、「基礎英語2」が一番受験向けである。一方、「NHK英会話」は入試の傾向からずれているのでダメ。「向上ブック①」は高1レベルで、様々な角度から体系的に勉強できる本。まず30秒の英文を聴いて、本文の文法解説・発音理解・音読とオーバーラップを読む。

■実戦練習用――いよいよ、入試問題に挑戦だ。

☆「リスニング・スピーキングのトレーニング　演習編」（Z会）　18問　P.280　中級　1位

★「英語リスニング対策　差がつく編」（旺文社）　45問　P.135　中級〜上級　2位

☆「英語L&Rレベル別問題集6」（ナガセ）　40問　P.264　上級　3位

これらの本をやる前に、英会話の慣用表現（P.155を参照）をやっておくこと。

「トレーニング」の基礎編も演習編も、基本演習→会話→社会問題（時事問題）という内容だ。

「差がつく編」は、解説がやや少なめ。姉妹本に、「押さえ編」（40問、中級）がある。「レベル別6」は、一流大学の過去問を単に羅列しただけ。

◎英単語・英熟語↓P.76〜78を参照

「桐原書店」のデータベース、「数研出版」のVALUE、「旺文社」のターゲット、「駿台」のシステム、「東進」のFORMULAの単熟語数、〃出る順〃に何レベルか、〃似た〃意味別か、〃難易度〃表示、〃CD〃の枚数、CDは〃日本語〃付きかを示す。

■基本的な英単語＋英熟語

	単＋熟語	出る順	似た	難易度	CD	日本語	順位
データベース3000英単熟語	1834	6レベ	○	基〜初	3枚	○	1位
英単語VALUE 1400	1816	5レベ	○	基〜初	2枚	×	2位

■受験用英単語集

	単語数	出る順	似た	難易度	CD	日本語	順位
データベース4500英単語	1528	6レベ	○	初〜中	3枚	○	4位
英単語VALUE 1700	1700	6レベ	○	初〜中	2枚	×	5位
英単語ターゲット1400	1400	3レベ	×	初	4枚	○	7位
英単語ターゲット1900	1900	3レベ	×	中〜上	5枚	○	2位
システム英単語 Basic	1698	4レベ	×	初	4枚	○	6位
システム英単語	2151	4レベ	×	中〜上	5枚	○	1位

英単語FORMULA1700	1700	2レベ	×	中	2枚	×	3位
DUO 3.0(ICP)	1572	×	×	中	5枚	○	8位

■受験用英熟語集

	熟語数	出る順	似た	難易度	CD	日本語	順位
英熟語ターゲット1000	1000	3レベ	○	初〜上	5枚	○	1位
システム英熟語	1446	×	○	中〜上	なし	なし	3位
英熟語FORMULA1000	1000	2レベ	×	初〜上	1枚	○	2位
解体英熟語 カード(Z会)	1017	3レベ	×	中〜上	なし	なし	4位
速読英熟語(Z会)	1079	×	×	中〜上	×	なし	10位

■発音・アクセント

☆「最頻出問題 発音・アクセント300」(桐原書店) CD1枚 P.128 初級

発音とアクセントのルールが載っており、CDを聴いて実戦演習ができる本。

◎受験文法 ↓P.88〜90を参照

■理解本――英文法が少し不安な人は、最初に理解本を使って疑問点をなくそう。

★「仲本の英文法倶楽部」(代々木ライブラリー) 297問 P.223 初級〜中級

☆「山口英文法講義の実況中継」(語学春秋社) 900問 P.524 初級〜中級

２冊とも、なぜこうなるのかを根本的なところから非常にわかりやすく説明している。「山口」は①・②の２巻あり、特に比較と関係詞のところが良い。

■暗記本――普通の受験生は、暗記本から始めよう（問題形式別よりも品詞別の参考書の方が、自分の弱点を発見しやすい点ですぐれている）。

桐原書店の最初の３冊と、Ｚ会の「トレーニング」２冊は、文法と語法が分かれており、語法問題の数が多い。それ以外の本は、語法問題があまり載っていない。「全解説」２冊は解説が詳しいが、同じ桐原の「英語頻出」２冊は解説が少ないのが短所だ。しかし、〝別売〟のＣＤに全部の例文が入っているので、暗記しやすいのが長所。「英語頻出」の方は、品詞別ではないので、２冊目の本として実力チェック用に使える。

旺文社の「精講」３冊は、練習問題（約800問）の解説が少ないので、例題の数だけを示した。「スクランブル」は、基礎編だけＣＤがある。駿台の「新・英頻」は、Ⅰが英文法930問、Ⅱが英熟語735問だ。「アップグレード」は、入試の頻出度分析が鋭い。一覧表の語・発は、語彙と発音。ＣＤは、例文の収録枚数（発音だけのＣＤは除く）。

	文法問題＋語法問題	その他	ＣＤ	難易度
NextStage　英文法・語法（桐原書店）	１０６２＋２２８問	語・発	２枚	初〜中
全解説　英語標準問題１１００（桐原書店）	７７２＋３２８問	×	×	初〜中

全解説 英文法・語法1000（桐原書店）	665+602問	×	×	上
英文法・語法トレーニング 戦略編（Z会）	592+389問	×	×	中〜上
英文法・語法トレーニング 演習編（Z会）	409+474問	×	×	上〜難
基礎英語頻出問題総演習（桐原書店）	1202問（合計）	語・発	2枚	初〜中
英語頻出問題総演習（桐原書店）	1922問（合計）	語・発	2枚	中〜上
入門英文法問題精講（旺文社）	799問（例題）	語・×	×	初
基礎英文法問題精講（旺文社）	826問（例題）	×	×	中
英文法標準問題精講（旺文社）	837問（例題）	語・発	×	上〜難
スクランブル構文とイディオム（旺文社）	1000問（合計）	×	2枚	初
新・英文法頻出問題演習（駿台文庫）	1665問（合計）	×	×	中〜上
アップグレード英文法・語法（数研出版）	899+210問	語・発	×	中

■ダメ押し本――文法の配点が高い大学を受ける人向けである。

☆「スーパー講義 英文法・語法 正誤問題」（河合出版） 51問 P.240 中級〜上級

☆「実力判定英文法ファイナル 難関編」（桐原書店） 500問 P.232 上級

正誤問題集の中では「スーパー」が一番良い。「実力判定」はテスト10回分。

■文法辞典――品詞別辞典としては、「新マスター英文法」（金子書房、上級）が良い。語法辞典は、以下の本がオススメ。

☆「**EARNEST 英文法・語法**」（文英堂） P.831 上級 1位

★「**スピード検索 文法・語法ナビ**」（アルク） P.751 上級 2位

◎英作文

↓P.90〜92を参照

■構文集――前述した（P.149〜151）ので詳細は省略するが、英作文に一番オススメな本は、「英語構文必修101」（Z会出版）だ。

■英作文でよく使われる慣用表現集――英作文は英借文。しっかり覚えよう。

☆「**パターンで覚える英作文頻出文例360**」（桐原書店） 例文360 CD1枚 1位

☆「**英作文基本300選**」（駿台文庫） 例文300 CD1枚 2位

☆「**実戦編　英作文のトレーニング**」（Z会）の巻末 例文300 ―― 3位

「文例360」と「基本300」の著者は同じ。日英の発想法の違いがわかる本だ。「実戦トレーニング」は、巻末の頻出文例が役立つが、解説もCDもない！

■話題別頻出語句――右記の本は頻出例文、左記の本は頻出語句。

☆「**基礎からの英作文パーフェクト演習**」（桐原書店）の第1章 語句510

この本は全部やると大変なので、第1章の頻出語句だけをやり、次の実戦演習へと進む。

■実戦演習――通信添削がベストであるが、参考書も一応紹介しておこう。(P.92)

☆「英作文実践講義」(研究社出版) 124問 P.198 中級〜上級 1位
☆「竹岡の英作文が面白いほど書ける本」(KADOKAWA) CD P.432 中級〜上級 2位
☆「英作文ハイパートレーニング 自由英作文編」(桐原書店) 31問 P.187 中級〜上級 3位
☆「自由英作文のすべて」(研究社) 21問 P.216 上級 4位
☆「最難関大への英作文ハイパートレーニング」(桐原書店) 74問 P.312 上級 5位

「実践講義」は、受験生が間違える62ポイントを示し、誤った答案を添削していく。「竹岡」は、60個の原則を使ってテクニック的に解く。CD付きなのは本書だけだ。「ハイパートレーニング」は、自由英作文の論理的な書き方が64ページ載っている。「自由のすべて」は、29個のテクニックと85個の具体例を挙げて、書き方のコツを137ページも説明。「最難関」は東大・京大・阪大・一橋・早慶専用だ。

■英作文辞典――わからない部分を調べるのに使う。

☆「英作文頻出表現活用ハンドブック」(プレイス) 語句3300 P.248 上級

著者は駿台の講師。73項目のトピック別に、頻出表現が載っている。

■条件英作文――私大向け。和文英訳が出る国公立大学には不要。

☆「富田の入試英文法ver.2 整序問題」(電子書籍) 45問 中級 1位
☆「英語整序問題200」(桐原書店) 200問 中級 2位

構文集をマスターすれば、条件英作文の問題集は必要ない。しかし、時間に余裕のある人は、前記のような少ない問題数の本を使うとよい。

◎大学入学共通テストの予想問題

☆**「共通テスト　総合問題集」**（河合出版）　6回分　初級　1位

☆**「共通テスト　実戦模試」**（Z会）　8回分　中級　2位

☆**「大学入学共通テスト　実戦問題集」**（駿台文庫）　5回分　初級～中級　3位

大学入学共通テストは、各大学の個別試験（2次試験）と比較すると、問題傾向も配点も異なる。だから、これらの予想問題集を使って、高得点を取れるようにすること。

数学の㊙参考書

（★印はネットに在庫があり、脳科学的に効果がある）

◎基礎本→P.94～95を参照

☆「理解しやすい数学」（文英堂）	847＋731＝1578問	基礎～初級	1位
☆「よくわかる数学」（学研プラス）	702＋1040＝1742問	基礎	2位
☆「これでわかる数学」（文英堂）	593＋781＝1374問	基礎	3位

3冊とも重要ポイントがハッキリわかり、解説が丁寧である。例題・練習問題とも難易度によって2～3段階に分かれている。問題数は、ⅠAⅡBⅢの合計。（例題＋練習問題＝合計）

◎パターン暗記本→P.95～99を参照

☆「黄チャート　解法と演習」（数研出版）	861＋1876＝2737問	初級	2位
☆「青チャート　基礎からの数学」（数研出版）	994＋1812＝2806問	初級～中級	1位
☆「赤チャート　数学」（数研出版）	870＋1973＝2843問	中級～上級	5位
☆「合格数学」「実力UP問題集」（マセマ）	108＋669＝777問	中級	4位
☆「数学の完全マスター」（文英堂）	479＋625＝1104問	初級	3位

「黄チャート」と「青チャート」は、解法パターンやポイントがよくわかる良書だ。例題＋練習問題＝合計問題数はかなり多いので、例題だけやればよい（問題数は、ⅠAⅡBⅢの合計。Ⅰ

AⅡBの〝例題〟は、「黄」が623問、「青」が723問)。一方、「赤チャート」は暗記しにくいのでイマイチ。「合格数学（全3巻）」は、説明が詳しいが問題が少ない（108＋244問）ので、「実力UP問題集（全3巻）」を併用しよう（425問）。「完全マスター」は、ⅠAとⅡBだけなので文系用。P.165の問題数は、ⅠAⅡBⅢの合計（例題＋練習問題＝合計）。

◎3W1H演習本↓P.100～105を参照

☆「1対1対応の演習」（東京出版）	360＋357＝717問	中級～上級	2位
☆「新スタンダード演習」（東京出版）	252＋156＝408問	中級～上級	3位
☆「新数学演習」（東京出版）	0＋350＝350問	上級～超難	4位
☆「理系の良問プラチカ」（河合出版）	153＋76＝229問	中級～上級	5位
☆「やさしい理系数学」（河合出版）	50＋150＝200問	上級	1位
☆「ハイレベル理系数学」（河合出版）	50＋150＝200問	上級～超難	6位

東京出版と河合出版の本を、それぞれ難易度順に並べた。「1対1対応」の例題は、問題への着眼点がよくわかる。練習問題は省略し、例題（5冊で360問）だけやること。「スタンダード（全2巻）」は、ⅠAⅡBが252問で、Ⅲが156問。「新数学演習」「やさしい理系」「ハイレベル」は、1つの問題に対して2～3通りの解き方をしているので、幅広い実力が身につく（必ず別解も読むこと。そうしなければ、この本をやる意味がない）。「理系のプラチカ（全2巻）」は、ⅠAⅡB

が153問で、Ⅲが76問。問題は良問だが、解法のポイントは少ししか書いてない。

◎横割り本・盲点本↓P.105〜107を参照

☆	**「解法の突破口」**(東京出版)	47＋84＝131問	上級	1位
☆	**「受験数学の裏ワザ50」**(エール出版社)	96＋44＝140問	中級〜上級	2位
★	**「大学入試の抜け道　数学」**(学生社)	126＋44＝170問	中級〜上級	3位
☆	**「数学の技巧的な解きかた」**(森北出版)	110問	上級〜超難	4位

「突破口」は、設定する・実験する・逆手流などの発想パターン別の問題集。「裏ワザ50」はⅠAとⅡBで140問、「受験数学のテクニック50」はⅢCで60問。「抜け道」には、高校で習わないが入試に役立つような公式やテクニックが載っている。「技巧的な解きかた」の著者は元・駿台講師で、分野別ではなく、分野を横断した横割り本になっている。

【役に立たない参考書】

★「大学への数学」(研文書院)、「月刊　大学への数学」(東京出版)、「Z会の通信添削」がワースト3だ。いずれも入試レベルを超えており、マニア的な問題が多い。

国語の㊙参考書

（★印はネットに在庫があり、脳科学的に効果がある）

①現代文

◎濃縮読書↓P.113を参照

現代文の苦手な人は、まず最初に、中身が濃い読書をやること。

☆「現代文解釈の基礎」（ちくま学芸文庫）　P.312　基礎　1位
★「現代文解釈の方法」（中央図書出版社）　P.296　基礎～初級　2位
☆「ゼロから始める現代文」（KADOKAWA）　P.272　基礎～初級　3位
☆「田村のやさしく語る現代文」（代々木ライブラリー）　P.137　初級　4位

4冊とも本文の解説が非常に詳しい。だが、練習問題は解説が少ないのでやらなくてもよい。なお「頻出現代文重要語700」（桐原書店）を辞書的に使うと便利。辞書的ではなく、通読用には「ことばはちからダ！　現代文キーワード」（河合出版）がよい。

◎記号読解↓P.114～116を参照

基礎力のある人は、記号読解から始めよう。「新・田村の現代文講義」（代々木ライブラリー、中級～上級、1位）と「田村の総合現代文」（ライオン社、中級～上級、2位）はベクトル現代文という読解法（選択肢をアサ・スギ・ナシ・ズレに分類）を使っている。「現代文演習」（駿台文庫、中級、6位）は記号読解の元祖（4つの記号）ともいわれている本。

☆**「新・ゴロゴ現代文」**（スタディカンパニー）　16パターン　中級　3位
☆**「新・田村の現代文講義」**（代々木ライブラリー）　中級〜上級　1位
★**「田村の総合現代文」**（ライオン社）　30問　中級〜上級　2位
☆**「現代文解法の新技術」**（桐原書店）　P.250　中級〜上級　4位
☆**「出口のシステム現代文　解法公式集」**（水王舎）　P.192　中級〜上級　5位

田村式が難しい人には、「ゴロゴ」だ。この本は、16個の解法パターンを使って解いていく。田村式のアサは、選択肢が本文よりも浅すぎて言い足りない。スギは、選択肢が本文よりも言い過ぎてオーバー。ナシは、本文にはそこまでは書いてない。「新技術」は、巻末の解法マニュアル（約20ページ）だけを暗記すること（本編の問題演習はやらなくてよい）。「出口の公式」は、普通の解き方をわざわざ公式にしている。超有名だが、内容はイマイチ。

◎高レベル演習本→P.116を参照

現代文が得意な人のための本を挙げておく（国公立大学の個別試験対策）。

☆**「正読現代文　入試基本編」**（Z会）　22問　上級　3位
☆**「得点奪取現代文——記述・論述対策」**（河合出版）　25問　上級　1位
☆**「船口の最強の現代文　記述トレーニング」**（学研）　7問　中級〜上級　2位

「入試基本編」となっているが、少し難しい。内容は記述式問題が中心。この本のシリーズに「入試突破編」があるが、こちらは大意要約が出る（つまり小論文がある）大学向き。「得点奪取」は、採点基準と答案例が載っているので、減点のされ方が具体的にわかる。「船口」は、ストラテジー（解法公式）を使って解く記述式問題集だ。

◎漢字・文学史　↓P.110を参照

★**「見て覚える頻出漢字」**（駿台文庫）　815字　初級

☆**「文学史サブノート　30日完成」**（日栄社）　P.63　初級

漢字と文学史は、入試直前期に覚えること（あまり早い時期にやると忘れてしまう）。「見て覚える」がもの足りない人は、「漢字マスター1800」（河合出版）だ。文学史が覚えにくければ、「ゴロ文学シェーッ！」（アルス工房）を併用するとよい。

②古文

◎古典文法　↓P.117を参照

☆**「自分でつくる　新・古典文法サブノート」**（日栄社）　P.78　基礎

☆**「望月光の古文教室　古典文法編」**（旺文社）　P.264　基礎〜初級

「サブノート」は、必要最低限のことが簡潔にマトメられている。ここに自分の手で書き込みながら、〝完璧〟に覚えること（見て覚えるより、手で書いた方が暗記しやすい）。「望月光」は、必要最低限の古典文法がマトメられている。ただし、問題は載っていない。

◎古文単語 ↓P.117～118を参照

☆「二刀流　古文単語634」（旺文社）	634語	中級	2位
☆「古文単語FORMULA600」（ナガセ）	600語	中級	1位
☆「GROUP30で覚える　古文単語600」（語学春秋社）	600語	中級	3位

「二刀流」は、頻度順・品詞別で、古典常識付きだ。「FORMULA」は、訳語の数が少なく、CD付きなので覚えやすい。「GROUP」は、テーマ別の分類が特徴的だ。

★「ベック式　ゴロ覚え古文単語600」（学研プラス）	600語	中級	1位
☆「古文単語ゴロゴ　プレミアム」（スタディカンパニー）	565語	中級	2位
☆「マンガとゴロで100%丸暗記　古文単語」（増進堂・受験研究社）	230語	初級	3位

単語がなかなか覚えられない人は、右記のゴロ合わせ本を併用しよう。

◎構文 ↓P.118を参照

★「古文解釈のための文型の公式」（聖文新社）	公式211	中級	1位
★「古文読解のための文章吟味の公式」（聖文新社）	公式175	中級～上級	2位
★「文法中心　古典文解釈の公式」（学研プラス）	P.247	中級	3位

最初の2冊は、大昔の駿台の超名物講師の本。これより優れた本は、いまだかつて存在しない。

「文型の公式」や「文章吟味の公式」とは、❶「～～にや。」「～～にか。」の場合には、文末に「あらむ」「ありけむ」が省略。❷「～～や（か）～～む（けむ）、……」「文中の終止形、……」「こそ〜〜已然形、……」の場合は、「……」の前の部分が挿入句。❸「されば（かかれば）＋順接」「されども（かかれど）＋逆接」「それに＋逆接」となる。❹「……と・など・とて」の場合は、「……」が会話か心の中。❺「……ば・に・を・て・ど・ども……」の場合は、その前後で主語が変わる。「文法中心」の第4章に、構文が30ページでまとめられている。

◎テクニック本 ↓P.111を参照

★「だれでも解ける古文の公式90」（ライオン社）	P.207	中級	1位
☆「共通テスト古文のスゴ技」（KADOKAWA）	P.208	初級	2位
★「グリデン式　傍線問題解法公式」（学研プラス）	P.190	中級	3位

3冊とも〝こういう設問パターンの答はこれだ〟という具合に、点数に直結する裏ワザが載っている。「だれでも解ける」は大昔の駿台の超名物講師の本。この本よりも優れたテクニック本は、いまだかつて存在しない。「グリデン」は、昔の代ゼミの大物講師の本で、解法テクニックが役立つ。❶「日記文学で傍線部の主語を問われたら、作者が答」❷「本文中から語句を抜き出す問題は、和歌の中に答がある」❸「本文中の空欄に漢字1字を入れる問題は、『世』が答」❹「傍線部の省略部分を補う問題は、係り結びの『結び』が答となる」

◎問題演習 ↓P.118を参照

★「土屋の古文講義1・2・3」（代々木ライブラリー）　24問　初級〜上級　1位

☆「得点奪取――古文記述対策」(河合出版)　P.208　中級～上級　2位

「土屋の古文」は、〃前後策〃という解法テクニックを使っている。この本よりも優れた解法テクニックを使った古文問題集は、いまだかつて存在しない。「得点奪取」は記述式問題集で、採点基準・悪い答案例・減点の具体例が載っている。

◎的中古文↓P.118～119を参照

☆「みんなのゴロゴ　古文出典」(スタディカンパニー)　70例文　中級　1位

★「毎年出る頻出古文」(日栄社)　30例文　中級　2位

「古文ゴロゴ」は入試でよく出る70カ所の文章が掲載されている。「毎年出る」は、30カ所の文章が載っている。以上の2冊は、現代語訳の部分だけを通読し、原文や解説の部分は無視すること。なお、古文の問題集のやり残した部分は、入試前日に現代語訳だけを読んでおこう。

③漢文

◎句法↓P.111を参照

☆「漢文早覚え速答法」(学研プラス)　P.310　中級　1位

出題頻度が高い句法を選んでおり、混同しやすい句法の注意点や受験テクニックが載っている点で、「新・漢文の基本ノート」(日栄社、基礎、3位)や「漢文ヤマのヤマ」(学研、初級～中級、2位)よりもはるかに優れた本だ。

◎問題演習↓P.119を参照

☆「得点奪取――漢文記述対策」（河合出版）　P.116　中級〜上級　1位

☆「記述対策　漢文問題集」（ナガセ）　14問　中級〜上級　2位

「得点奪取」は、設問へのアプローチ方法が書いてあり、記述答案のまとめ方のエッセンスが詰まっている。採点基準が載っているので便利だ。「記述対策」は、前半部分が解法テクニック、後半が設問形式別の問題演習だ。「センター試験必勝マニュアル漢文」（東京出版）は、〝単語〟と〝構文〟について、とても詳しく書かれている貴重な本だ。

◎漢文単語↓P.119を参照

★「入試頻出　漢文（語と句形）」（桐原書店）　530語　中級〜上級

第3章の単語編（530語）を辞書として使おう。第1・2・4章は無視だ。

④小論文

◎基本ルール↓P.112を参照

☆「小論文入門」（河合出版）　P.97　初級　1位

☆「ぶっつけ小論文」（文英堂）　P.143　中級　2位

☆「小論文のオキテ55」（KADOKAWA）　P.208　初級　3位

「小論文入門」は、頭の働かせ方や考え方が丁寧に書いてある。「ぶっつけ」は、普通の本には載っていない実戦テクニックが特長だが、課題文にNOと言ってはダメだ。「オキテ55」は、何を書いたらいいのかわからない人のための発想法の本だ。

◎ネタの仕入れ ↓P.112を参照

★「小論文時事テーマとキーワード」(旺文社) P.184 中級 1位
☆「小論文の完全ネタ本　社会科学系」(文英堂) P.392 中級 2位
☆「資料　政・経」(東学) P.476 初級〜中級 3位
☆「医系小論文　最頻出論点20」(教学社) P.176 中級 4位

「時事テーマ」は、論点を深く掘り下げているのが長所で、キーワードは別冊。「完全ネタ本」は、医歯薬・社会科学・人文教育・自然科学の4冊がある。「資料」は、高校の政治経済の教材。「論点20」の著者は駿台講師で、背景知識やキーワードについて解説してある。

◎暗唱論文 ↓P.120〜121を参照

☆「小論文これだけ！　超基礎編」(東洋経済新報社) 10テーマ P.226 初級 1位
★「成功する小論文　はじめの二歩」(河合出版) 15テーマ P.186 初級 2位
☆「小論文これだけ！　模範解答」(東洋経済新報社) 30文例 P.223 中級 3位
☆「小論文テーマ別課題文集」(駿台文庫) 16テーマ P.248 上級 4位

「超基礎編」は、意見例を暗唱し、それ以外の本文はネタの仕入れに使う。姉妹本の深掘り編は18テーマ。「はじめの二歩」は、評価Aの答案例を暗唱し、BとCはザッと。「模範解答」は、1つのテーマに対して3つの視点で書いてあるので、幅広い実力が身につく。「課題文集」は、別冊（10ページ）の要点を暗唱し、本編は流し読み。

◎実戦演習 →P.122～125を参照

実戦演習には、通信添削がベストだ（Z会は上級、進研ゼミは中級）。それだけではもの足りないという人のために、参考書も紹介しておく。

☆**「まるまる使える　入試頻出課題小論文」**（桐原書店）　26問　中級　1位
☆**「合格できる小論文　できない小論文」**（KADOKAWA）　P.240　中級～上級　2位
☆**「医学部の小論文」**（河合出版）　10問　中級～上級　3位

「まるまる」は、多くのテーマが載っているので、志望校の頻出テーマだけをやればよい。「合格できる」も、志望校と同じ出題形式の問題だけでよい。「医学部の」は、医学用語の解説が載っており、採点者の目という項目が答案作成に役立つ。

理科の㊙参考書

（★印はネットに在庫があり、脳科学的に効果がある）

①物理 ↓P.126〜128を参照

◎橋渡し本

教科書と入試問題のギャップをうめる基礎的な本からスタートしよう。

☆「物理の考え方・解き方」（文英堂） 141＋271＝412問 基礎〜初級 1位
☆「セミナー物理基礎＋物理」（第一学習社） 140＋621＝761問 基礎〜初級 2位
☆「物理のエッセンス（全2巻）」（河合出版） 83＋352＝435問 初級 3位

「考え方・解き方」は、計算問題を141種類のタイプに分類して、赤い枠の中に"解法ポイント"が書いてある。「セミナー」は学校用教材で、問題が難易度順に5段階になっている（別冊の解説集を学校から配布されていない人は、アマゾンで買うこと）。「エッセンス」をやった人は、後述の「良問の風」→「名問の森」の順に進む。

◎暗記本

基礎ができあがったら、典型的な入試問題の解法パターンを暗記していく。

☆「為近の物理ノート・基本編」（代々木ライブラリー） 30＋25＝55問 初級 3位
☆「橋元流解法の大原則（全2巻）」（学研プラス） 53＋271＝324問 初級〜中級 1位

☆「**坂田アキラの物理の解法が面白いほど**」(中経出版)　260問　初級　2位
☆「**漆原の物理（明快解法・最強の99題）**」(旺文社)　97＋99＝196問　中級　5位
☆「**名問の森　物理（全2巻）**」(河合出版)　67＋73＝140問　中級～上級　4位

「為近の基本編」は、問題文中の着眼点に波線を引き、必然性や解法テクニックを使っている。だが、「為近の物理ノート・必修編」(53問、中級)と「為近の物理ノート・難関編」(40問、中級～上級)は、着眼点があまり書いてない。「橋元流」は、受験テクニックの固まりで、イメージ絵法などの独特の公式がある。「大原則」は問題が少ない(53問)ので、「レベル別問題集」(ナガセ)を併用すること。「坂田アキラ」は途中の計算を省略していないし、説明が超～わかりやすく、イメージ図も多いので理解しやすい本だ。「漆原の明快」(97問)は、解法パターンを枠内に明示。「漆原の最強」(99問)は、解法パターンを①→②→③と順序立てている。「名問の森」は「良問の風」(193問、中級)よりもポイントがわかる。

◎辞書的参考書

☆「**物理教室**」(河合出版)　P.480　中級　1位

◎高レベル演習本

☆「**難問題の系統とその解き方**」(ニュートンプレス)　118＋177＝295問　上級　1位
☆「**物理標準問題精講**」(旺文社)　95＋0＝95問　上級　2位

「難問題」は別解を示してある問題が多く、典型的な解法パターンを網羅している。「精講」は、代ゼミの「為近の物理シリーズ」を３冊とも終えた人向け（著者は同じ）。

【役に立たない参考書】

「新・物理入門」（駿台文庫）や「新・物理入門問題演習」（駿台文庫）は微積を使っているが、受験物理に微積は必要ない。

②化学→P.128〜129を参照

◎暗記用参考書

☆	**「化学の最重点　照井式解法カード」**（学研プラス）	P.1096	初級〜中級	1位
☆	**「Doシリーズ　鎌田・福間の化学の講義」**（旺文社）	P.872	初級〜中級	2位
☆	**「原点からの化学——理論・無機・有機」**（駿台文庫）	P.898	中級〜上級	3位
☆	**「亀田和久の化学が面白いほどわかる本」**（中経出版）	P.1255	初級	4位

「照井式」は理論・無機・有機の全３巻で、巻末のカードが暗記に役立つ。「鎌田・福間」は、理論・無機・有機の全３巻。理解しながら暗記する本だ。知識の羅列本ではない。「原点から」は、重要事項のマトメ↓問題↓マトメ↓問題という構成である。「亀田の」も全３巻で、初歩から理解させる本。この本の代わりに、「セミナー化学」（第一学習社）を使ってもよい。ただし、別冊

の解答集を学校でもらっていない人は、この本は使用不可！

◎有機化学

☆「大学JUKEN新書　有機化学の要点」（旺文社）　P.200　中級　1位

☆「有機化学演習」（駿台文庫）　56＋60＝116問　P.242　上級　2位

「JUKEN」は要点をまとめてあるので、知識を整理しながら覚えられる。「有機化学演習」はやや難しいので、後述の問題集（たとえば旺文社の本）の後にやること。

◎計算問題

☆「化学の計算——原点からの化学」（駿台文庫）　101問　中級〜上級　1位

☆「化学計算の考え方・解き方」（文英堂）　112＋148＝260問　初級〜中級　2位

「原点から」は、化学現象を本質的に理解することによって、計算問題を解く。「考え方・解き方」はキーポイントと計算式が明示されている点が良い。

◎問題演習

☆「実戦　化学重要問題集」（数研出版）　267問　中級　3位

☆「照井式問題集（理論・無機・有機）」（学研プラス）　122＋44＝166問　中級　1位

☆「理系標準問題集　化学」（駿台文庫）　202問　中級〜上級　4位

☆「化学標準問題精講」（旺文社）　102＋0＝102問　上級　2位

☆**「化学の新演習」**（三省堂）　331問　上級　5位

「重要問題集」は解説がやや少ないので、学校の授業で使っていない人は使用不可。「照井式問題集」は「解法カード」の演習版で、理論・無機・有機の3冊がある。問題の読み方が得意になる本だ。「理系標準」の内容は、問題の難易度・問題の数・解説の詳しさとも、「重要問題集」と「標準精講」の中間くらい。「標準精講」は、鎌田シリーズの演習版だ。「新演習」のわからない部分は、姉妹本の「化学の新研究」（762ページ、上級）を辞書的に使って調べよう。決して「新研究」を暗記しようとしてはダメ。あくまでも辞書。

◎マトメ本

受験勉強の終盤に、頭の中の知識を整理するのに役立つ本を紹介しよう。

☆**「マンガとゴロで100％丸暗記　化学反応式」**（増進堂・受験研究社）　P.224　初級　2位

☆**「化学早わかり　一問一答」**（ＫＡＤＯＫＡＷＡ／中経出版）　P.287　初級〜中級　1位

「マンガとゴロ」は、ゴロ合わせがたくさん載っている。「一問一答」の著者は駿台講師で、問題を解くための実戦的な知識が集められている。

【役に立たない参考書】

「新・理系の化学」（駿台文庫）は受験レベルを超えており、化学を理論的に説明している。だが、受験化学に理屈は不要だ。「新理系の化学問題100選」（駿台文庫）も同様。

③生物→P.130～131を参照

◎基礎固め

教科書で基礎固めをする。実験や図表の意味がわかりにくい時は、教科書ガイドで調べること。三省堂、啓林館、第一学習社の教科書ガイドは、なかなかよくできている。

◎暗記用参考書

☆「理解しやすい生物」（文英堂）　P.520　初級　1位

☆「大森徹の最強講義117講」（文英堂）　P.800　中級～上級　2位

☆「チャート式　新生物」（数研出版）　P.560　上級　3位

「理解しやすい」は、教科書＋アルファの内容なので易しい。「大森徹の」は、入試頻出事項を詳しく解説してある。この本の併用問題集が、「大森徹の最強講義問題集150問　生物」（文英堂）で、レベルは少し難しい。「チャート式」の内容は、細かくて難しい。

◎問題演習

☆「生物重要問題集」（数研出版）　158問　中級　5位

☆「理系標準問題集　生物」（駿台文庫）　154問　中級　4位

☆「大森徹の計算・グラフ問題の解法」（旺文社）　25＋103＝128問　中級　1位

☆「実戦　生物実験・考察問題集」(数研出版)　43問　中級〜上級　2位
☆「生物記述・論述問題の完全対策」(駿台文庫)　110問　中級〜上級　3位

「重要問題集」は、問題が新しい点は良いが、解説が少ない。「理系標準」は、新しい問題は少ないが、解説は詳しい(ちなみに、旺文社の「標準問題精講」は問題数が少ないのでダメ)。「大森の計算」は、出題パターンの分析が非常に役立つ。「実戦生物実験」は、どの部分に着目し、どういう情報を読み取り、どう考えて判断するかがハッキリわかる本だ。「完全対策」は、"論述攻略ゼミ"という部分が役に立つし、採点基準も載っている。

◎最終チェック

☆「生物早わかり　一問一答」(KADOKAWA)　P.332　初級〜中級

受験勉強の終盤になったら、知識に漏れがないかを確認するためにこの本をやること。

④地学

↓P.131〜132を参照

◎暗記用参考書

☆「ひとりで学べる地学」(清水書院)　P.288　基礎〜初級　2位
☆「地学基礎の必修整理ノート」(文英堂)　P.128　基礎〜初級　1位

「ひとりで」は教科書レベルで、簡単な問題つき。「必修整理ノート」は自分の手で書き込みながら覚えられるので、記憶に定着しやすい。

◎問題演習

☆「センサー　地学」（新興出版社啓林館）　P.232　中級　1位

★「伊藤の地学　解法のコツ（全2巻）」（ナガセ）　153問　中級〜上級　2位

「センサー」は、基礎の確認と大学入学共通テスト対策が中心だが、個別試験にも使える。「伊藤のコツ」は、共通テストはもちろん、個別試験対策用の本格的な問題集。

地歴・公民の㊙参考書

（★印はネットに在庫があり、脳科学的に効果がある）

①世界史

◎マンガ本↓P.134を参照

☆「新マンガゼミナール　世界史（全2巻）」（学研プラス）　P.684　基礎　1位

古代～近代と、近現代の2冊が出ている。絵のイメージによる右脳記憶が可能であり、右脳の記憶力は、左脳の10倍以上もあるのだ（詳細はP.62～63を参照）。この本は、「大学受験らくらくブック　世界史」（学研、P.684、基礎、2位）のマンガよりも覚えやすい。

◎ヨコの歴史↓P.134～135を参照

超有名な2冊の教科書を比較してみよう。

☆「詳説　世界史B」（山川出版社）　用語数3780　地図84　史料5　P.462　客観1位

☆「新　世界史B」（山川出版社）　用語数3240　地図91　史料0　P.454　論述1位

「詳説」は、歴史の流れがつかみにくいが、用語数が多いので、客観問題を出す私立大向けである。本文をそのまま出題する大学もあるのだ！「新世界史」は、歴史の因果関係に重点を置いて論理的に書かれているので、論述問題を出す国公立大向けである。

◎お助け本↓P.135を参照

教科書の暗記を助ける本としては、「書きこみ教科書　詳説世界史」（山川出版社）や「世界史の年代暗記法」（旺文社）や「世界史でるとこ攻略法」（文英堂）などのゴロ合わせ本の他に、各種のサブノートがある（ページ数は書き込み部分のみ）。

☆**「各国別　世界史ノート」**（山川出版社）　P.288　初級～中級　客観1位

☆**「詳説世界史学習ノート　上・下」**（山川出版社）　P.157　初級　客観2位

☆**「流れ図で攻略　詳説世界史B」**（山川出版社）　P.198　初級　論述1位

☆**「世界史研究ノート　上・下」**（山川出版社）　P.374　初級～中級　論述2位

「詳説世界史ノート」（P.248）を要領よくマトメた本がある。「詳説学習ノート」（左頁がP.157）と「詳説要点整理ノート」（左頁がP.126）だ。前者が一流大学用で、後者が中堅私大用。しかし、以上の「詳説シリーズ」よりも、「各国別ノート」の方が入試に役立つ。「流れ図」は、左頁の矢印と右頁の文章で〝歴史の流れ〟を説明。「研究ノート」は〝影響のまとめ〟と〝問題点のまとめ〟という見出しの部分だけでよい。

◎タテの歴史↓P.135を参照

☆**「タテからみる世界史」**（学研）　P.229　中級　客観1位

☆**「流れがわかる各国別・地域別　世界史整理」**（山川出版社）　P.238　中級　論述1位

「タテからみる」は、分量が多いので、時間のない人は、付録のまとめ（52ページ）だけでよい。「流れがわかる」は、各国別の歴史の流れが箇条書きでコンパクトにまとめられている。年表は特に必要ないが、もし使いたければ「標準世界史年表」（吉川弘文館）が良い。政治史・経済史・文学史に加えて、世界史対照年表が載っている。

◎地図 ↓P.136を参照

今キミが使っている地図帳はすぐにゴミ箱に捨てて、次の本を買うこと。

★**「歴史地図によるトレーニングワーク世界史B」**（山川出版社）　地図140　P.107　1位
☆**「ビジュアル世界史問題集」**（駿台文庫）　地図86　P.201　2位
☆**「地図でスッと頭に入る世界史」**（昭文社）　地図54　P.128　3位

3冊とも、重要な地名にしぼられている。「歴史地図による」は、書き込み形式だ。「ビジュアル」も穴うめ問題。「スッと頭に入る」は、解説が少ない。

◎客観式問題集 ↓P.136を参照

☆**「私大・2次対策　世界史B問題集」**（山川出版社）　203問　中級〜上級　1位
☆**「世界史問題集　完全版」**（ナガセ）　150問　中級　2位

「私大・2次対策」は、通史117問、テーマ史58問、論述28問からなる。「完全版」は、基本問題だけでなく、難しい用語やテーマ史の問題もあり、制限時間と合格点つき。

◎客観向けの用語集↓P.136を参照

☆「世界史用語集Ｄｉｏ」（河合出版）　用語数6500　P.520　1位

☆「世界史用語集」（山川出版社）　用語数5600　P.408　2位

山川の用語集は教科書の掲載頻度順だが、河合出版は入試の出題頻度順なので実戦的。最初は辞書的に使い、ある程度知識が増えてきたら通読すればいい。

◎客観式の最終チェック↓P.136を参照

☆「そのまま出る世界史の一問一答」（三省堂）　用語数3650　P.356　1位

☆「世界史Ｂ一問一答　完全網羅版」（学研プラス）　用語数3300　P.503　2位

☆「山川　一問一答　世界史」（山川出版社）　用語数4350　P.296　3位

入試での頻出度から見ると、三省堂＞学研＞山川出版社の順だ。ちなみに、山川の「よくでる一問一答」は用語数2620、Ｚ会の本は用語数2000だ。

◎論述対策の流れ本↓P.136〜137を参照

☆「はじめる世界史　要点&演習」（Ｚ会）　65テーマ　中級　1位

歴史の流れが〝概説〟と〝事項の流れ〟に書かれている。それ以外は不要。

◎論述式問題集↓P.137を参照

☆「世界史論述練習帳ｎｅｗ」（パレード）　P.266　1位

☆「判る！解ける！書ける！世界史論述」（河合出版） 69＋85＝154問 P.220 2位
☆「世界史論述のトレーニング」（Z会） 75＋0＝75問 P.288 3位
★「詳説世界史論述問題集」（山川出版社） 115＋101＝216問 P.89 4位

パレードの「練習帳」は、影響・意義・比較など8つのパターンに分類している。河合出版は、書くべき内容のメモ欄が実戦的だ。Z会の本は、制限字数別の4段階で、採点基準が便利。山川出版社は、通史とテーマ史に分かれている。

◎論述辞典↓**P.138を参照**

☆「詳説世界史研究」（山川出版社） P.596 上級 2位
★「ハイパワー世界史」（聖文新社） P.359 上級 1位

「詳説」は教科書のレベルアップ版。「ハイパワー」は問題点の分析が鋭い。

②日本史

◎マンガ本↓**P.134を参照**

☆「新マンガゼミナール　日本史（全2巻）」（学研プラス） P.684 基礎 1位

教科書を読む前に、この本で日本史の概略をつかむこと。「大学受験らくらくブック　日本史」（学研、P.721、基礎、2位）のマンガよりも覚えやすい。

◎ヨコの歴史↓P.134〜135を参照

☆「詳説日本史B」（山川出版社）　用語数3130　史料82　地図48　P.454

日本史のバイブル的存在であり、教科書はこの本に限る。本文をそっくりそのまま出題する大学も多い！　難関私大では、欄外や図表からもよく出題される。

◎お助け本↓P.135を参照

教科書の暗記を助ける本としては、「書きこみ教科書　詳説日本史」（山川出版社）や「日本史の年代暗記法」（旺文社、年号数311）の他に、サブノートがある。

★「詳説日本史要点整理ノート」（山川出版社）　P.289　初級　客観1位

☆「流れがわかる日本史Bテーマ史ノート」（山川出版社）　P.141　初級　論述1位

「詳説ノート」（P.251）は分量が多いので、それを要領よくマトメた本が「詳説要点整理ノート」だ。左頁がP.144で、右頁が白紙（一流私大用）。ちなみに、「詳説授業ノート」は、左頁（P.101）がマトメで、右頁に穴ウメ問題がついている（中堅私大用）。「流れがわかる」は、分野別になっているのが特長。全部で141項目が載っている。

◎タテの歴史↓P.135を参照

★「菅野の日本史問題集（テーマ史）」（清水書院）　P.71　中級　客観1位

☆「受験・日本史B」（文英堂）の5章　P.60　中級〜上級　論述1位

「菅野の」は、問題演習によって、政治史・社会経済史・文化史の知識をまとめる本。「受験日本史」の5章には、部門別に歴史の流れがまとめられている。

◎史料集↓P.138を参照

☆「**菅野の日本史必出史料**」（文英堂）	史料数150	P.255		1位
☆「**超解　日本史史料問題**」（ブックマン社）	史料数240	P.295		2位
☆「**日本史史料一問一答　完全版**」（ナガセ）	史料数245	P.357		3位

3冊とも代表的な史料を取り上げ、それに関する小問が何題かついている。「菅野の」は中堅私大向き、「超解」は一流国公立大および一流私大向き、「一問一答」は一流私大向きだ。なお、「詳説日本史」は、史料数82である。

◎客観式問題集↓P.136を参照

☆「**日本史　表解演習書**」（ナガセ）		P.245	中級〜上級	1位
☆「**日本史標準問題精講**」（旺文社）	90問	P.216	上級	2位
☆「**実力をつける　日本史100題**」（Z会）	100問	P.464	上級	3位

ナガセの本は、表解によって歴史の前後関係や因果関係がわかるようになっている。旺文社の本は、書名は「標準問題」だが、内容は少し難しいので注意。著者は「実況中継」と同じだ。「実力をつける」は、解説が超詳しいのが特長だ。

◎客観向けの用語集→P.136を参照

☆「使える！ 日本史用語集」（旺文社） 用語数6000 P.407 上級 1位

☆「日本史用語集」（山川出版社） 用語数10700 P.448 上級〜超難 2位

旺文社の用語集は、入試の頻度順で、まとめの図表や地図もかなり豊富だ。しかし、山川の方は、教科書の掲載頻度（入試の頻度は無関係）で、通史だけ。

◎客観式の最終チェック→P.136を参照

☆「日本史一問一答 完全版」（ナガセ） 用語数6720 P.440 1位

☆「そのまま出る日本史の一問一答」（三省堂） 用語数4420 P.327 2位

☆「山川 一問一答 日本史」（山川出版社） 用語数4600 P.312 3位

☆「一問一答 日本史ターゲット4000」（旺文社） 用語数4000 P.432 4位

ナガセも三省堂も過去問で作ってあり、入試の頻度順だが、山川出版社は教科書の頻度順。旺文社は大学入学共通テスト用だ。その他の一問一答は、山川の「よくでる」が2220、Z会の「入試に出る」が2100、学研の「いちばん出る」が1144。

◎論述対策の流れ本→P.136〜137を参照

☆「超速！ 日本史の流れ」（ブックマン社） P.638 初級〜中級 1位

☆「日本史のなぜと流れがわかる本」（ナガセ）　P.712　中級　2位
☆「日本史の論点」（駿台文庫）　P.187　上級　3位
「超速」は、論述図解チャートと論述キーワードという部分がとても役立つ。「なぜと流れ」は分量が多い。通史（全3巻）がP.712で、文化史も入れるとP.936だ。「日本史の論点」は、テーマ別になっており、論点を要約していく本。

◎論述式問題集↓P.137を参照

★「日本史論述明快講義」（旺文社）　61＋27＝88問　P.319　1位
☆「考える日本史論述」（河合出版）　39＋7＝46問　P.128　2位
☆「日本史論述のトレーニング」（Z会）　60＋0＝60問　P.232　3位
☆「日本史論述問題集」（山川出版社）　75＋0＝75問　P.157　4位
「明快講義」は、論点が整理されており、重要な所にアンダーラインが引いてある。「考える論述」は、問題の〝ワナ〟と解法の〝ワザ〟が役立つ。「トレーニング」は、制限字数別の4段階で、採点基準つき。山川出版社の本は、「詳説日本史」とリンクしている。

◎論述辞典↓P.138を参照

☆「詳説日本史研究」（山川出版社）　P.566　上級　1位
☆「受験・日本史B」（文英堂）　P.544　上級　2位

③地理

↓P.140～141を参照

◎基礎固め

教科書が基本であるが、サブノートも紹介しておこう。

☆「地理Bの必修整理ノート」（文英堂）	P.128	基礎～初級	1位
☆「大学受験　地理ノート」（旺文社）	P.199	初級	2位

2冊とも、要領よくまとまっているので、知識を整理するのに役立つ。

◎暗記用参考書

☆「理解しやすい地理」（文英堂）	P.432	基礎～初級	2位
☆「ジオゴロ地理　坂本のスーパー暗記帖」（学研プラス）	P.211	初級～中級	3位
☆「村瀬のゼロからわかる地理B（全2巻）」（学研プラス）	P.776	中級～上級	1位
☆「図解・表解　地理の完成」（山川出版社）121記述	P.323	上級～超難	4位

「理解しやすい」は、教科書＋アルファのレベル。「ジオゴロ」は、214個のゴロを使って覚える本だ。ちなみに、学生社の「地理超暗記法」はゴロが521個。「村瀬の」は暗記ではなく、論理的に〝考える〟のが特長。「地理の完成」は辞書的参考書。国立大学志望者は、この本の記述対策（121箇所）だけでよい。

◎地図・統計

★「地理ハンドブック」（ナガセ）の地図　（地図90枚）　P.85
☆「図解　地図資料　地理受験必携」（帝国書院）の後半　（地図152枚）　P.80
☆「地図と地名による地理攻略」（河合出版）　（地図109枚）　P.173
☆「地理データファイル」（帝国書院）　P.144

「ハンドブック」（P.242）は、右側のページの〝産業地図〟だけでよい。これをレベルアップしたのが、「図解地図資料」（P.178）の後半の産業地図だ。「地図と地名」は、高校地図帳を抜粋した〝地名地図〟である。「データファイル」には、重要ポイントがはっきり書いてあるが、二宮書店の「地理統計要覧」はどこが重要かわからない本だ。

◎用語集

☆「地理用語集」（山川出版社）　用語数3700　P.325　上級

収録語数が多くて説明も細かいので、辞書としては使えるが、全部を暗記するのは無理だ。暗記するのは、赤字の用語だけにしぼれ。

◎客観式問題集

☆「実力養成　地理問題集」（山川出版社）　120問　中級～上級　1位
☆「実力をつける地理100題」（Z会）　100＋0＝100問　上級　2位

「実力養成」は二次試験の過去問で、地理の総合的理解を必要とする良問が多い。「実力100題」は客観問題が中心だが、論述問題もかなり載っている。

◎論述式問題集

★「**対策と速攻　記述論述地理**」（学生社）　23＋81＝104問　中級～上級　1位
☆「**地理論述問題が面白いほど解ける本**」（KADOKAWA／中経出版）　55＋0＝55問　中級～上級　3位
☆「**納得できる地理論述**」（河合出版）　43＋30＝73問　上級　2位

「対策と速攻」は、予想問題が多いのが特色で、出題パターンを9種類に分類している。「面白い」は、60個の戦術を使って解く。悪い答案の減点例も参考になる。「納得できる」は、問題タイプ別・大学別・論述テーマ別の3通りで分析している。

◎最終チェック

☆「**山川　一問一答　地理**」（山川出版社）　用語数2400　P.245　上級
☆「**一問一答　地理ターゲット2500**」（旺文社）　用語数2500　P.335　中級

山川出版社の「一問一答」はやや細かいので、時間のない人は、「ターゲット」の方がよい。ちなみに、Z会の「入試に出る一問一答」は用語数2000、P.268だ。

④政治・経済 ↓P.141～143を参照

◎基礎固め

☆「政治・経済演習ノート」(実教出版) P.143 基礎 1位

☆「政治経済の必修整理ノート」(文英堂) P.111 基礎〜初級 2位

基礎固めは教科書だ。サブノートとしては、右記の2冊がうまくマトメられている。

◎暗記用参考書

☆「理解しやすい政治・経済」(文英堂) P.336 基礎〜初級 1位

☆「畠山のスパっとわかる政治経済爽快講義」(Z会) P.512 中級〜上級 2位

「理解しやすい」は教科書＋アルファ。「畠山の爽快」は解説が少ないので、初心者には無理。ある程度勉強した人が、知識を整理するために使おう。

◎資料集

☆「資料 政・経」(東学) P.476 中級〜上級

学校でもらった資料集はゴミ箱に捨てて、この本を買うこと。

資料に関する問題点を挙げて、それを鋭く分析しているので、資料を読み取る力がつく。入試でねらわれそうなポイントを集めてあり、政経資料集のバイブルといえる本だ。

◎用語集

☆「政治・経済用語集」(山川出版社) 用語数3100 P.258 上級

収録語数が多くて説明も細かいので、辞書としては使えるが、全部を暗記するのは無理だ。暗記するのは、赤字の用語だけにしぼれ。ちなみに時事用語は載っていない。

◎時事問題

時事問題の対策に新聞やテレビのニュースを見るのは、バカのやることだ。

☆**「月刊　新聞ダイジェスト」**（新聞ダイジェスト社）　P.190　1位

☆**「図解　まるわかり時事用語」**（新星出版社）　P.160　2位

☆**「これだけ覚える時事用語285」**（成美堂出版）　P.191　3位

「ダイジェスト」は、新聞記事を集めたスクラップブックのような月刊雑誌だ。去年のニュースは、「資料政・経」の冒頭に10ページでマトメられているが、もう少し詳しく勉強したい人は「まるわかり」「これだけ覚える」を辞書として使おう。

◎問題演習

☆**「全国大学入試問題正解　政治経済」**（旺文社）　213問　中級〜上級　客観1位

☆**「政治経済標準問題精講」**（旺文社）　80問　中級〜上級　客観2位

☆**「政治・経済　計算&論述特訓問題集」**（河合出版）　中級〜上級　論述1位

「全国大学」は毎年改訂されるので、新しい問題ばかり載っている点がよい。「標準問題」は、精講という部分で重要事項をまとめてあるので、頭の中の整理に役立つ。「計算&論述」は国公立大向けで、出題パターンの説明があり、複数の解答例が載っている。

◎最終チェック

☆「山川　一問一答　政治・経済」（山川出版社）　用語数1600　P.160　中級

☆「入試に出る政治・経済　用語&問題1500」（Z会）　用語数1500　P.256　中級

山川出版社の本は、私立大向け。Z会の「用語&問題」は、国公立大学向け。なお、清水書院の「新政経問題集」の一問一答は、用語数2100だ。

⑤倫理

↓P.143を参照

◎基礎本

☆「MY　BEST　よくわかる倫理」（学研プラス）　P.380　基礎〜初級　1位

「MY　BEST」は、教科書＋用語集＋資料集のような本で、内容は覚えやすい。

◎用語集

☆「山川　一問一答　倫理」（山川出版社）　用語数1800　P.144　1位

「一問一答」は、1つの用語を簡潔にマトメてあるので、暗記用の用語集としてフル活用しよう。

脳科学コラム⑤

●「脳科学的勉強法」と地歴・公民の暗記法

教科書や参考書を勉強する場合は、いきなり本文を暗記しようとしてはダメ。1回目は「写真やイラスト」だけを見て、その画像を右脳で暗記すること。その理由は、左脳の海馬の記憶力よりも、右脳の海馬の記憶力の方が良いからだ。

2回目は、「写真やイラストに関係ある本文」や「太字とその周辺の文章」だけを、左脳の海馬で暗記すること。右脳で暗記したイメージに、左脳が語句を当てはめていくのだ。

3回目は、「本文の全体」を左脳の海馬で暗記する。

つまり、綿アメを作るように徐々に知識を増やしていく方が、海馬にラクなのだ。このことは、動物実験でも証明されている。サルに赤色と青色を「同時に」暗記させるのは無理だが、赤色を暗記した「後ならば」青色をすぐに暗記することができた。

教科書や参考書がなかなか暗記できない人は、自分が先生になったつもりで、生徒に教える〝模擬授業〟をやるとよい。模擬授業は目・耳・口・手という五感を使う（＝大脳の前頭葉・側頭葉・後頭葉・頭頂葉の全部）ので、暗記しやすいのだ。

付録 最新医学でわかった「脳科学」的な暗記法

■記憶を作る海馬細胞を増やす方法

受験勉強によって得た知識は、脳の中の「海馬」という部分に記憶される。海馬は直径1センチ・長さが数センチのタツノオトシゴの形をしていて、左脳と右脳に1個ずつある。**暗記すればするほど、海馬の神経細胞が増えていく**ことは既に証明済みだ。イギリスのマグワイア博士が、知識量の多さが必要とされる職業の人の脳を、MRIという機械で検査したら、海馬の体積が10年間で1%ほど増えていたのである（細胞の数でいうと30万〜40万個）。つまり、**勉強時間が多い受験生は、勉強時間が少ない受験生よりも海馬の細胞が多い**わけだ。記憶細胞の海馬を増やしたければ、とにかく暗記、ひたすら暗記しよう。受験勉強イコール暗記なのだ。

■βエンドルフィンが記憶力をアップ

人間の気持ちの正体は、脳の中のホルモン（つまり化学物質）であることが判明している。国語の授業では、身体的の反意語は精神的だと習うが、実はこれは誤りだ。脳科学的に言うと、精神も身体の一部なのだから。**楽しい・好きだと思っている時は、βエンドルフィンというホルモンが脳の中で分泌され**、イヤだ・嫌いだと思っている時は、ノルアドレナリンというホルモンが分泌される。そして、βエンドルフィンは海馬の記憶力をアップさせ、ノルアドレナリンは海馬の記憶力をダウンさせてしまう。つまり、**楽しみながら勉強すると暗記しやすく**なり、イヤイヤ勉強すると暗記しにくくなる。だから、**ウソでもいいから、勉強は好きだと考えよう**。

■扁桃核によって海馬の記憶力をアップ

扁桃核は扁桃体ともいい、喜怒哀楽の感情を作る部分だ（カゼの時に、はれて痛くなる扁桃腺とは別モノ）。扁桃核は大きさが1センチのハート形で、海馬のすぐ近くにある。つまり、**感情を伴った記憶は長続きする**のだ。楽しかった思い出や、辛かった経験を今でも覚えているのは、「扁桃核＋海馬」の共同作業による。だから、勉強する時は、**感情を入れながら参考書を暗記すると、よく覚えられる**。たとえば、「この英単語は、こういう意味か！　ビックリした！」「この歴史上の人物は、絶対に許さない！　このヤロー！（参考書をなぐる）」という具合に。

■頭の良さの正体は、記憶力が良いこと

何かを記憶する時は、海馬の神経と神経がNMDAというタンパク質で結びつけられる。極論すれば、記憶＝NMDAなのだ。この**NMDAの量が2倍もある天才ネズミ**を、遺伝子組み換えによって作ることができる。天才ネズミで迷路の実験をしたら、普通のネズミの半分の時間で出口に到達した。つまり、天才の正体は記憶力の良さだ。また、**中程度の認知症（＝記憶力はダメだが、思考力はOK）**の人に計算問題をやらせると、全然できない。このことから、数学は暗記科目であり、考える科目ではない。**思考力では、数学の計算問題は解けない**のだ。

■脳波がアルファ波だと暗記力がアップ

脳波には、アルファ波・ベータ波・シータ波などがある。リラックスしている時はアルファ波で、イライラしているとベータ波だ。そして、**アルファ波の時は海馬の暗記力がアップする**が、ベータ波の時は暗記力がダウンする。ベータ波をアルファ波に変えるには、**腹式呼吸をすればよい**(目を閉じて、ゆっくり深く呼吸すること)。あるいは、机の上を**寒色系（青色や緑色など）**のアイテムにしたり、部屋の中に観葉植物を置くと、ベータ波がアルファ波になる。

■精緻化という方法を利用した暗記法

海馬は、関連性のあるものは暗記しやすい。これを専門用語で精緻化（せいちか）という。たとえば、歴史の年号のゴロ合わせは、精緻化を利用した暗記法だ（年号だけでなく、歴史上の人物や事件についても、自分でゴロ合わせやダジャレを作って暗記しよう）。英単語で、同意語・反意語・関連する熟語を同時に覚える時も、精緻化を利用している。その他に、頭文字でまとめて暗記する方法もある。地理の統計で、アメリカ・中国・カナダの順なら「アチカ」。

■歩きながら勉強すると暗記力がアップ

京都の「哲学の道」は、明治時代の哲学者・西田幾多郎が歩きながら考えていた場所だ。歩くと脳が働くことを、経験的に知っていたのであろう。他の例を挙げると、授業中にイスに座っていると眠くなるが、体育の時は眠くならない。その理由は、歩いたり走ったりすると、足の感覚が脳幹網様体を刺激して覚醒させるからだ。また、足の筋肉が伸び縮みするとポンプの役割を果たして（足は「第二の心臓」と呼ばれる）、脳の血流が良くなる。そういうわけで、暗記科目の場合は、参考書を手に持って、勉強部屋の中を歩きながら勉強すると、よく暗記できる。

■裸足でジョギングすると脳が活性化

　昔も今も、**健康サンダル**（＝足を乗せる部分が凸凹になっている）が靴屋で売られている。また、全国各地にリフレクソロジー（＝足の裏マッサージ）の店がある。これらの事実は、**足の裏を刺激すると効果がある**ことを、昔も今も、多くの人が認めている証拠だ。

　昔の小学校では、裸足教育が流行していた。体育で裸足になるのは、土踏まずを作るため。国語や算数の授業中に裸足だと、**足の裏が教室の床に触れて、気持ちがいいと感じるのでβエンドルフィンが分泌される。**βエンドルフィンによって、海馬の記憶力がアップするのだ。

　ボクも小学生の時から体育も運動会も必ず裸足になったし、校舎の中でも裸足。家の近所でも裸足で遊ぶのが普通だったので、ボクはみんなから「裸足っ子」と呼ばれていた。そして、高2の夏休みは**朝・昼・夕の3回、毎日必ず裸足でジョギング。**裸足で走ると、前述のメカニズムによって脳が活性化するので、**1日に15時間も勉強する**ことができた。それ以後も、裸足のジョギングを毎日続けていて、東大に入ってからは42キロの裸足マラソン（実は半分ウォーキング）もやった。ボクの裸足勉強法はみんなから注目され、町内でも有名になった。

脳科学用語集（あ〜せ）

アルファ波…リラックスすると出る脳波。アルファ波が出ると、海馬の暗記力がアップ。

右脳…絵や音楽などの非言語的なものを暗記する。右脳の記憶力は、左脳の10倍以上も。

A10神経…別名を快感神経という。この神経が活性化すると、記憶力や思考力がアップ。

エピソード記憶…授業や試験など、実際に体験した記憶。五感を使うので暗記しやすい。

海馬…記憶を作っている部分。暗記すればするほど、細胞が増えて、海馬が大きくなる。

寒色系…青色や緑色など。部屋や机の上は、暖色系よりも寒色系のほうが、暗記力が増す。

健康サンダル…足の裏を乗せる所の凹凸が、脳幹網様体を刺激して、脳を活性化させる。

言語野…読む・聞くは、側頭葉の言語野を使う。話す・書くは、前頭葉の言語野を使う。

再認可能…自力では思い出せないが、ヒントがあれば思い出せる状態。忘れかかった頃。

左脳…言語を読む・書く・聞く・覚える。優位半球とも呼ばれ、受験勉強の主役となる。

ジェンキンスとダレンバックの理論…暗記した後に、すぐに眠ると、記憶が長続きする。

精緻化…両者に無理やり関連性を持たせて、覚えやすくすること。代表例がゴロ合わせ。

正のフィードバック…勉強が楽しい↓βエンドルフィン↓もっと勉強が楽しくなる。

前頭葉…大脳の前の部分にあり、主な役割は思考力。現代文の問題を解く時などに使う。

脳科学用語集（そ〜ゆ）

側頭葉……大脳の横の部分。海馬で作られた記憶は、側頭葉に移動し、永久に保存される。

第二の心臓……足の別名。走る・歩く時は、足がポンプの役目をして、脳血流量が増える。

聴覚記憶法……参考書を音読すると、目だけではなく、耳も使うので、暗記しやすくなる。

ドーパミン……ヤル気を出す時や、勉強を終えて達成感を感じる時は、ドーパミンが分泌。

脳幹網様体……足の裏の刺激が、脳幹網様体に伝わると、目が覚めるし、脳も活性化する。

脳血流量……走ったり歩いたりすると、脳への血のめぐりが良くなるので、脳がよく働く。

脳内麻薬……βエンドルフィンの別名。化学構造が、麻薬のモルヒネと似ているのが由来。

ノルアドレナリン……マイナス思考をすると分泌されるホルモン。海馬の記憶力がダウン。

裸足教育……昔の小学校で流行。βエンドルフィンによって、学習能力がアップする効果。

腹式呼吸……イライラ状態をリラックスさせる効果あり。ノルアドレナリンの分泌が減る。

プラス思考……物事を前向きに考えること。βエンドルフィンが、海馬の記憶力をアップ。

βエンドルフィン……プラス思考をすると分泌されるホルモンで、海馬の記憶力がアップ。

扁桃核（扁桃体）……海馬の近くにあり、感情を起こすので、感情を伴った記憶は長く続く。

有酸素運動……ウォーキングなどの長時間ゆっくりとやる運動。海馬の神経細胞が増える。

◆著者プロフィール◆

福井　一成（ふくい・かずしげ）

四谷大塚進学教室・開成中学・開成高校を経て、東大の文Ⅱに合格。しかし、半年後に仮退学をして、わずか４ヶ月半の勉強で東大の理Ⅲに合格した。東大医学部を卒業後は、医師として勤務しつつ、勉強法に関する本を執筆していたが、その中の１冊「偏差値が20上がる夏休み計画の立て方」（ごま書房）が週間売上ランキングの全国ベスト10位に。医学博士（専門は高血圧）。

主な著書に、以下のものがある。
「センター試験㊙ラクラク突破法」（エール出版社）
「大学合格『マル㊙』裏ワザ計画表」（エール出版社）
「脳を一番効率よく使う勉強法」（ＫＡＤＯＫＡＷＡ）
「ドクター福井の開成流勉強術」（ワニブックス）
「Ｄｒ．福井の大学入試必勝の法則」（ライオン社）
「大人のための科学的勉強法」（日本実業出版社）
その他、「朝日新聞」「螢雪時代」「YouTube」

一発逆転㊙裏ワザ勉強法
2024年版

2023年1月20日　初版第1刷発行

著　者　福　井　一　成
編集人　清　水　智　則
発行所　エール出版社
〒101-0052　東京都千代田区神田小川町2-12
信愛ビル４Ｆ
e-mail：info@yell-books.com
電話　03(3291)0306
FAX　03(3291)0310

＊定価はカバーに表示してあります。
乱丁本・落丁本はおとりかえいたします。

ISBN978-4-7539-3539-0